52 Wochen positiv leben

Mit viel Kraft in mein neues Leben

ISBN: 9783748118664

52 Wochen positiv leben

Mit viel Kraft in mein neues Leben

Bibliografische Information der Deutschen Nationalbibliothek:

Die Deutsche Nationalbibliothek verzeichnet diese Publikation in der Deutschen Nationalbibliografie, detaillierte bibliografische Daten sind im Internet über http://dnb.de abrufbar.

Herstellung und Verlag:

BoD – Books on Demand, Norderstedt

ISBN 9783748118664

Dieses Buch „52 Wochen positiv leben“ gehört

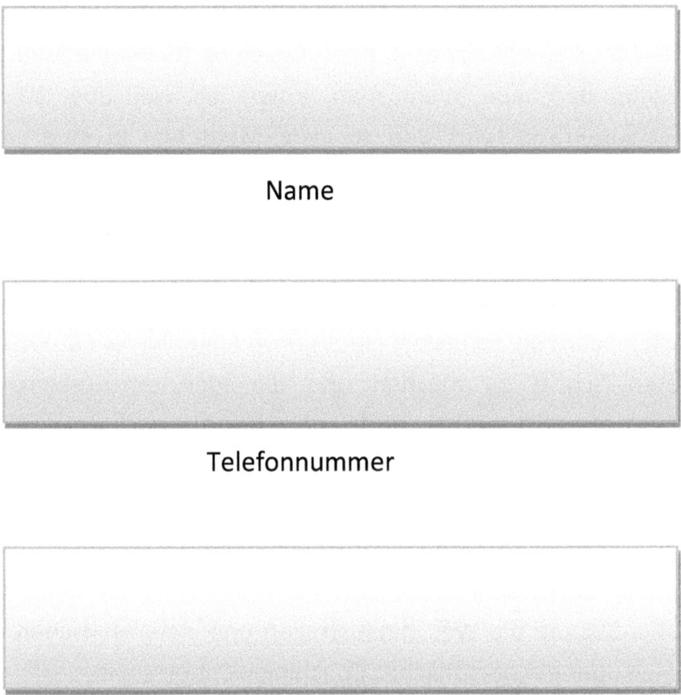

Name

Telefonnummer

Email-Adresse

Vorwort

Zunächst möchte ich mich bei Ihnen bedanken, dass Sie mein Buch erworben haben. Gleichzeitig, eben weil dieses Buch ein sehr persönliches Buch ist, möchte ich in eine vertraute „Du-Form“ übergehen.

Warum habe ich dieses Buch geschrieben? Vor vielen Jahren habe ich eine Geschichte gelesen, die mir so sinnig erschien, dass ich diese Botschaft immer wieder in mein Coaching für meine Klient(innen)en eingebunden habe. Wenn man, so wie ich, weit über 10 Jahre eine Coaching-Praxis führt und so viele Menschen in eine „neue Zeit“ begleitet, dann kommt die Zeit, in der man sich Gedanken macht, wie man mit diesen Erfahrungen umgeht. Für mich ist seit vielen Jahren klar, dass ich irgendwann ein Buch schreiben werde. Nach und nach wurde mir klar, dass ich bei so umfangreichen Erfahrungen mehrere Bücher schreibe. Es bedarf eines guten Augenblicks der Entscheidung, diesen Schritt zu machen und die Idee umzusetzen. Je mehr Erfahrungen ich machte, desto mehr Buch-Ideen kamen mir. Die Idee für dieses Buch schlummert also schon viele Jahre in meiner Schublade. Und dann kam dieser Moment, in dem ich mir sagte, jetzt ist es soweit. Dieses Buch zu schreiben ist für mich eine Herzensangelegenheit. Ich möchte die Botschaft der Geschichte mit den „Kaffeebohnen“ über dieses Buch in die Welt hinaustragen und viele Menschen erreichen, die ich über ein persönliches Coaching nicht erreiche.

Was hat es also mit dieser Geschichte auf sich, die mich derart inspiriert und nachdenklich gemacht hat?

Die Geschichte mit den Kaffeebohnen

Es war einmal eine ältere Frau, die in einer kleinen Stadt in ihrer Wohnung lebte. Sie verfügte nur über eine kleine Rente, mit der sie gerade so über die Runden kam. Dennoch stand sie jeden Tag mit einem glücklichen Lächeln auf, kümmerte sich rührend um ihre kleine Katze, nahm die vielen negativen Meldungen der Presse einfach hin und ärgerte sich nie, wenn jemand ihr gegenüber unfreundlich war.
Ihr vergrämter Nachbar fragte sie eines Tages, warum sie trotz desolater Wirtschaft und nur kleinem Einkommen ständig so gut gelaunt wäre. Die alte Dame sagte zu ihm:

„Jeden Morgen, wenn ich mich fertig mache und anziehe, stecke ich mir genau 5 Kaffeebohnen in meine linke Hosentasche. Immer, wenn ich im Laufe des Tages ein schönes Erlebnis erlebt habe, dann hole ich aus der linken Tasche eine Kaffeebohne und stecke sie in die rechte Hosentasche. Solche Erlebnisse sind z.B. das freundliche Lächeln der Bäckersfrau, ein netter Plausch in der Stadt oder ein junger Mann, der mir geholfen hat, über den Zebrastreifen zu gehen. An manchen Abenden sind sogar alle 5 Kaffeebohnen in meiner rechten Hosentasche. Dann schaue ich mir die Kaffeebohnen an und erlebe in meinen Gedanken noch einmal all diese schönen Erlebnisse. Mit diesen positiven Gedanken gehe ich dann zufrieden ins Bett. Selbst mit nur einer Kaffeebohne ist es für mich ein glücklicher und schöner Tag gewesen."

Der vergrämte Nachbar ging nach diesem Gespräch sofort in den nächsten Supermarkt, kaufte sich ein Pfund Kaffee, öffnete das Päckchen zu Hause, nahm sich 5 Kaffeebohnen heraus und legte diese für den nächsten Tag in seine linke Hosentasche.

Diese Geschichte gibt es mittlerweile in verschiedensten Varianten überall zu lesen. Mir selbst ist der Verfasser nicht bekannt.

Ich schau bei solchen Geschichten gerne auf die Botschaft, mit der diese Geschichten erzählt werden. Die Geschichte hat eine wunderbare Botschaft.

Es bedeutet: Schaue auf die positiven Dinge des Lebens. Diese werden häufig durch kleine Gesten oder Bemerkungen zwischen uns Menschen ausgelöst.

Das Lächeln einer mir völlig unbekannten Person oder das Vorbeilassen an einer Warteschlange ist mir eine Kaffeebohne wert. Auf dieses Ereignis schaue ich zum Tagesausklang gerne zurück.

Wenn auch du gerne zufrieden und ausgeglichen einschlafen möchtest, dann schaue dir gerne deine Kaffeebohnen an, die du aus deiner rechten Hosentasche herausholst. Erlebe die positiven Situationen nochmals und freue dich darüber.

Der Umgang mit den Kaffeebohnen, es können auch kleine Glaskugeln o.ä. sein, sollte regelmäßig erfolgen. Nehme die Kaffeebohnen von nun an mit in deine neue Zeit.

Denke positiv, erinnere dich positiv, handle positiv, lebe positiv.

Und nun wünsche ich dir viel Spaß mit deinen positiven 52 Wochen.

Mischa Jelen

Wie nutzt du dieses Buch optimal?

In den Zeilen *„Meine positiven Erfahrungen der vergangenen Woche"* schreibst du einfach und ohne groß zu überlegen deine positiven Erlebnisse und Gedanken des Tages in ganzen Sätzen oder in Stichworten auf. Mach es für dich so deutlich, dass du auch später noch nachvollziehen kannst, was du gemeint hast. Es sind die positiven Erlebnisse und Erfahrungen des Tages, die als Kaffeebohnen von der linken in die rechte Hosentasche wandern.

Deine positiven Erfahrungen sind deine persönlichen Ressourcen. Diese sind in deinem Unterbewusstsein abgespeichert und damit jederzeit wieder abrufbar oder in diesem Buch nachlesbar.

So kannst du jederzeit dein Buch hervorholen und in vergangene Zeiten nachlesen. Hole dir immer wieder positive Botschaften aus deinen eigenen Erfahrungen und Erlebnissen.

Versuche deine Erlebnisse in positiver Form aufzuschreiben:

„Der Nachbar Schmidt war heute mal nicht unfreundlich zu mir!"

besser:

„Der Nachbar Schmidt war heute freundlich zu mir!"

Für die Zeilen *„Das habe ich mir für diese Woche vorgenommen"* machst du dir Gedanken über deine Wochenziele. Dabei können es wirklich große Ziele sein (ich höre ab Montag mit dem Rauchen auf) oder nur kleine Etappenziele (ich rufe beim Fitness-Studio an wegen eines Probetrainings) oder ganz einfach nur der Wunsch nach positiven Erlebnissen (in dieser Woche werde ich allen Kolleg(innen)en „Guten Morgen" sagen).

Es geht darum, dass du nicht einfach so in den Tag hineinlebst, sondern dass du dir etwas Besonderes vornimmst. Wie eben geschrieben, das Besondere muss nicht groß sein. Es geht um die positiven Gedanken, die du hast, wenn du deine Ziele/deine Vorhaben erreichst. Es geht um das positive Gefühl „es“ geschafft zu haben.

Viele Menschen nehmen ihren Erfolg einfach so hin, ohne sich und ihre Leistung selbst wertzuschätzen. Mach du es anders! Lerne dich und dein Verhalten positiv zu sehen.

Erlaube dir, dass du dich über deinen Erfolg freust. Umso mehr Spaß wirst du haben, da weiter zu machen, wo du zuletzt stehen geblieben bist.

Notiere also in die Zeilen alles hinein, was du in dieser Woche erreichen möchtest. Verfasse dabei deine Ziele lieber etwas zurückhaltender, als dass sie zu umfassend formuliert werden.

Ich wünsche dir dabei viel Spaß.

Meine positiven Erfahrungen der vergangenen Woche:

____

____

____

____

____

„Menschen, die immer daran denken, was andere von ihnen halten, wären sehr überrascht, wenn sie wüssten, wie wenig die anderen über sie nachdenken.“

Bertrand Russel

Das habe ich mir für die 1. Woche vorgenommen:

____

____

____

____

Nicht nur lesen – sondern schreiben

Du wirst merken, nach und nach wird dieses Buch dein Erfolgsbuch. Und du wirst auch merken, dass du dein Erfolgsbuch selbst schreibst. Du schreibst deinen Erfolg selbst, also bist du auch für deinen Erfolg verantwortlich.

Mit dem Hineinschreiben verbindest du meine zusätzlichen Informationen mit deinen positiven Gedanken. Das Schreiben selbst aktiviert bei dir darüber hinaus mehr Sinne, als wenn du dieses Buch nur lesen würdest. Mit dem Notieren der Erfahrungen werden vielzählige Bilder in deinem Unterbewusstsein herausgesucht. Das bedeutet, dass du deine Kreativität deutlich intensiver einsetzt.

Das Aufschreiben der Wochenziele wirkt für dich verbindlicher und auch verpflichtend. Du kennst das von einem schriftlichen Vertrag, den einzuhalten man sich verpflichtet fühlt. So ist das auch mit dem Aufschreiben deiner Ziele. Diese sind für dich verpflichtend.

Zudem macht es einfach mehr Sinn, deine positiven Gedanken in dieses Buch hineinzuschreiben. Das Buch dient hierbei als Speicherort. Du bist nicht verpflichtet, alles in deinem Gehirn abzuspeichern. So verbrauchst du also nicht unnötig deine Merkkapazitäten. Du läufst auch nicht Gefahr etwas zu vergessen.

Dieses Buch ist deine Festplatte, jederzeit aufklappbar und nachlesbar.

Meine positiven Erfahrungen der vergangenen Woche:

____

____

____

____

____

„Wir sind nicht nur verantwortlich für das,
was wir tun,
sondern auch für das,
was wir nicht tun."
Molière

Das habe ich mir für die 2. Woche vorgenommen:

____

____

____

____

Musterbeschreibung

Wie kommst du bisher klar? Möglicherweise benötigst du noch eine kleine Hilfestellung. Ich habe meine positiven Erfahrungen einer beliebigen Woche für dich notiert:

Ich habe eine WhatsApp einer Klientin erhalten; sie war glücklich, dass sie durch meine Hypnose mit dem Rauchen aufgehört hat. ... Ich bin schon viel weiter mit diesem Buch als geplant. ... ein Mercedes hat mir die Vorfahrt genommen; der Fahrer hat sich bei mir entschuldigt. ... Habe nach Weihnachtsgeschenken geschaut; eine Verkäuferin hat mich sehr freundlich beraten.

Und hier noch die Dinge, die ich mir für die darauffolgende Woche vorgenommen habe:

Ich möchte, dass mein Buch in dieser Woche fertig ist. ... Ich werde im Straßenverkehr weiter rücksichtsvoll fahren. ... Ich werde viel lächeln, wenn ich mit Menschen zusammen bin, denn das Lächeln kommt zurück. ... Ich bereite meine Buchungsunterlagen für den Monatsabschluss vor. ... Ich lege mir alle Unterlagen bereit, um in der Folgewoche meinen nächsten Vortrag zu schreiben. ... Weihnachtsgeschenke für meine zwei Nichten aussuchen.

Meine positiven Erfahrungen der vergangenen Woche:

Wenn du keine Zeit hast,

dann wird es Zeit,

dass du dir Zeit nimmst.

Das habe ich mir für die 3. Woche vorgenommen:

Hilfestellung für deine positiven 52 Wochen

Ich habe mir natürlich viele Gedanken gemacht, als ich dieses Buch schrieb. Werden es meine Leser/innen verstehen? Habe ich deutlich ausgedrückt, was ich meine?

Nun, ich wollte nicht zu viel schreiben. Ich wollte dir viel Platz für deine Gedanken und für deine Inspiration geben.

Doch will ich dich auch motivieren. Dazu habe ich kurze Zitate eingefügt, die dir Zuversicht, Kraft oder Bestätigung geben werden. So findest du für jede Woche einen Spruch, der dich kurz zum Nachdenken anregen soll. Versuche aus dem Spruch positive Gedanken zu holen und schaue, ob du mit Hilfe dieses Spruches dein Leben positiv verändern kannst. Auch die Geschichten, die Informationen und die Anleitungen für Übungen, ganz gleich welcher Art, sollen dir helfen, dich in deinem Alltag zu unterstützen. Sie sollen dir neue Wege aufzeigen oder einfach nur bei deinen Entscheidungen helfen.

Dieses Buch soll dich inspirieren, deinen eigenen Weg entschlossen und mit voller Kraft und Überzeugung zu gehen.

Manch eine Geschichte oder Übung mag dir vielleicht nicht sofort bewusst machen, welches Ziel sich dahinter verbirgt. Nehme dir die Zeit, hinter das Geheimnis zu kommen. Wenn du nicht dahinterkommst, dann nehme gerne Kontakt mit mir auf.

Und jetzt geht es weiter in deine 4. Woche. Erst machst du dir Gedanken, was du in deiner 3. Woche alles für positive Erfahrungen gesammelt hast, also, wie viele Kaffeebohnen hast du von links nach rechts gepackt und wofür? Und dann notiere deine Ziele für deine 4. Woche.

Meine positiven Erfahrungen der vergangenen Woche:

„Ich messe den Erfolg nicht an meinen Siegen, sondern daran, ob ich jedes Jahr besser werde."

Tiger Woods

Das habe ich mir für die 4. Woche vorgenommen:

Zu dem nebenstehenden Spruch passt diese Geschichte:

Es war einmal eine Gruppe von Fröschen, die einen Wettlauf machen wollten. Ihr Ziel war es, die Spitze eines hohen Turmes zu erreichen. Viele Zuschauer hatten sich bereits versammelt, um diesen Wettlauf zu sehen und sie anzufeuern. Das Rennen begann. Von den Zuschauern glaubte niemand so recht daran, dass es möglich sei, dass die Frösche diesen hohen Gipfel erreichen können.

„Das können sie gar nicht schaffen, der Turm ist viel zu hoch!“

Die Frösche begannen zu resignieren, außer einem, der kraftvoll weiter kletterte. Die Leute riefen wieder: *„Das ist viel zu anstrengend!!! Das kann niemand schaffen!“*

Immer mehr Fröschen verließ die Kraft und sie gaben auf. Aber der eine Frosch kletterte immer noch weiter. Er wollte einfach nicht aufgeben und erreichte als Einziger den Gipfel des Turmes. Jetzt wollten die anderen Mitstreiter natürlich wissen, wie er das denn schaffen konnte und fragten ihn. Es stellte sich heraus ... der Gewinner war TAUB !!!

<u>Und die Moral von der Geschichte:</u>
Höre niemals auf Leute, die die schlechte Angewohnheit haben, immer negativ und pessimistisch zu sein. Sei selbst immer *POSITIV!*

Höre auf deine Stimme!

Meine positiven Erfahrungen der vergangenen Woche:

Alle sagten das geht nicht! Dann kam einer, der wusste das nicht, und hat es einfach gemacht."

Das habe ich mir für die 5. Woche vorgenommen:

Gut oder schlecht – du triffst die Entscheidung

Du kennst doch das berühmte Glas, das mit Wasser halb voll oder halb leer ist, oder? Ist es halb leer, bist du eher negativ eingestellt. Ist es halb voll, magst du eher positiv eingestellt sein.

Das Glas Wasser begleitet uns das ganze Leben, nur in anderer Form.

Auf dem Weg zur U-Bahn kannst du denken: „Die U-Bahn ist bestimmt wieder voll." Oder du sagst dir einfach: „In der U-Bahn wird sicher noch ein Platz für mich sein!"

Negativ-Seher benötigen eine Herabstufung des möglichen Erfolges. Dann können sie nicht enttäuscht werden, wenn der Erfolg nicht eintritt. Positiv-Seher schauen nach vorne und lassen sich auch nicht von Misserfolgen einschränken. Selbst wenn in der U-Bahn kein Platz mehr ist, dann wird sicher beim nächsten Mal ein Platz frei sein.

Karl Valentin hat einmal gesagt: „Ich freue mich, wenn es regnet, denn wenn ich mich nicht freue, regnet es auch."

Es ist also deine Entscheidung, wie du mit einer Situation umgehst; positiv oder negativ.

Stell dir vor, du glaubst nicht an das Gute und es klopft. Lässt du die Tür zu, weil du denkst, da steht etwas Negatives vor der Tür? Erwarte das Gute und lade es ein!

Meine positiven Erfahrungen der vergangenen Woche:

____

Wenn du immer wieder das tust, was du immer schon getan hast, dann wirst du immer wieder das bekommen, was du immer schon bekommen hast.

Das habe ich mir für die 6. Woche vorgenommen:

Mein „wenn-dann-Satz“

Du kommst immer wieder in Situationen, in denen du das Gefühl hast, schwach zu sein bzw. schwach zu werden. Gerade in dieser Situation benötigst du einen Weg, dieser Unsicherheit zu entkommen.

Beispiel: Kaffeezeit bei Oma. Du möchtest Gewicht abnehmen, aber Oma sagt, du sollst ein Stück Torte essen (mit Sahne und Zucker). Dann könnte dich folgender „wenn-dann-Satz“ unterstützen:

„Immer, wenn Oma mir ein Stück Torte/Kuchen anbietet, dann sage ich zu ihr: Nein danke. Ich achte auf mein Gewicht.“ So oder ähnlich könnte dein Satz lauten. Dieser Satz gibt dir eine feste Handlungsweise.

Wenn ich Zigarettenrauch rieche, dann

drehe ich mich schnell weg und atme frische Luft tief ein.

- Suche dir eine beliebige Situation heraus, in der du dich gerne anders verhalten möchtest. Beginne die Situation im Satz mit einem „wenn“.
- Suche jetzt nach Möglichkeiten, die dich aus dieser Situation herausführen. Wähle die für dich einfachste heraus. Vervollständige den „wenn-Beginn“ mit der Lösung.
- Schreibe deinen „wenn-dann-Satz“ vollständig auf und übe täglich mit diesem Satz, so dass dieser Satz automatisch in deinem Unbewusstsein aufgenommen wird. Wenn du in diese Situation später hineinkommst, wirst du automatisch deine „wenn-dann-Kombination“ aussprechen.

Meine positiven Erfahrungen der vergangenen Woche:

____

____

____

____

____

„Das Geheimnis der Veränderung ist, dass man sich mit all seiner Energie nicht darauf konzentriert, das Alte zu bekämpfen, sondern darauf, dass Neue zu erbauen.“

Sokrates

Das habe ich mir für die 7. Woche vorgenommen:

____

____

____

____

Dein Unterbewusstsein – Festplatte deines Lebens

Dein Bewusstsein ist der gewollte Zugriff auf eine beschränkte Anzahl an Sinneseindrücken bzw. eine gewollte Handlung. Pro Sekunde werden ca. 11 Millionen Sinneseindrücke in unserem Gehirn verarbeitet. Interessant dabei ist, dass wir nur einen Bruchteil dessen, was sich in unserer Umgebung und in unserem Körper abspielt, bewusst wahrnehmen. Wir nehmen nur etwa 40 von den eben genannten 11 Millionen Sinneseindrücken bewusst wahr. Der Grund für diese starke Filterung an Informationen ist ganz einfach ein Schutzmechanismus in unserem Gehirn. Die vollständige Verarbeitung aller dieser Eindrücke würde nämlich definitiv zu einer Überbelastung führen. Unser Bewusstsein würde sofort einen „Kurzschluss" bekommen. Der Hauptteil der Informationen wird aber in unserem Unterbewusstsein gespeichert. Ich vergleiche das Unterbewusstsein gerne mit der Festplatte eines Computers. Alles, was wir abspeichern, z.B. alle Wahrnehmungen, Bilder, Gedanken und Lerninhalt, landet in unserem Unterbewusstsein. Allerdings können wir *bewusst* nicht jederzeit auf unsere Festplatte zugreifen. Unbewusst, z.B. mit Hilfe der Hypnose, gelingt es uns viel besser.

Beispiel für eine bewusste Handlung: Du willst den Haustürschlüssel in das Schlüsselloch stecken, und schaust genau hin.

Unbewusst fährst du gerade mit dem Auto zur Arbeit. Dabei denkst du über den bevorstehenden Vortrag nach. Du fährst an mehreren Verkehrsschildern und Ampeln sicher vorbei, ohne direkt darauf zu schauen.

Meine positiven Erfahrungen der vergangenen Woche:

____

____

____

____

____

„Selbstvertrauen gewinnt man dadurch, dass man genau das tut, wovor man Angst hat und auf diese Weise eine Reihe von erfolgreichen Erfahrungen sammelt."

Dale Carnegie

Das habe ich mir für die 8. Woche vorgenommen:

____

____

____

____

Mach mich mal schlank – Das Programm

Das Programm bietet eine effektive Unterstützung bei Ihrem Vorhaben Gewicht abzunehmen.
Das „Mach mich mal schlank" - Programm ist keine Ernährungsberatung im klassischen Sinn, da wir uns nicht vorrangig mit einzelnen Lebensmitteln beschäftigen.
Das „Mach mich mal schlank" - Programm bedeutet, den Verstand und Geist so zu trainieren, dass das Ziel der gewünschten Gewichtsreduktion erzielt werden kann.
Dieses Programm bedeutet Bewusstmachung, Auseinandersetzung und intensive Beschäftigung in regelmäßiger Weise.

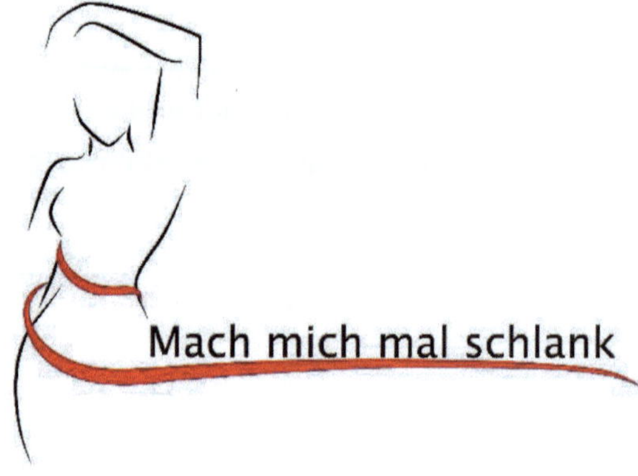

Meine positiven Erfahrungen der vergangenen Woche:

„Nur wer ein Ziel hat, an sich arbeitet und den ersten Schritt geht, der kann sein Ziel erreichen. Nach diesem Motto lebe und arbeite ich. Coaching ist ein erster Schritt zum Ziel."
Mischa Jelen

Das habe ich mir für die 9. Woche vorgenommen:

Wie stelle ich mir die Hypnose vor?

Bevor meine Klienten mich fragen, was sie sich unter einer Hypnose vorstellen sollen, gebe ich erst einmal den Hinweis, alles zu vergessen, was sie bisher zu diesem Thema gehört haben.

Der hypnotische Zustand ist eine wunderbare Entspannung, in der meine Klientin nach und nach immer weniger von äußeren Einflüssen wie Geräusche, Gerüche, Gedanken, usw. abgelenkt wird. Je weniger die Ablenkung, desto mehr kommt sie in eine tiefe Konzentration hinein. Ich sage gerne dazu „Tunnel“ oder „Focus“. Wenn meine Klientin nicht mehr abgelenkt wird oder sich nicht mehr abgelenkt fühlt, kann sie immer tiefer in die Entspannung hineintauchen. Je tiefer sie hineintaucht, desto wohler fühlt sie sich. Automatisch gleitet sie immer tiefer, immer tiefer in die Hypnose hinein. In diesem Zustand besteht bei ihr eine besondere Bereitschaft alles aufzunehmen, was wir vorher in unserem Vorgespräch vereinbart haben und was ihr hilft, ihr Ziel zu erreichen.

Sie ist weiterhin wach. Sie schläft nicht. Hypnose funktioniert nur im Wachzustand. Und dennoch wird sie später (nach der Hypnose) sagen, sie habe wunderschöne Bilder gesehen oder sie habe wirklich gespürt, dass sie frische Luft eingeatmet habe.

Es geht nicht darum, „weg“ zu sein. Für manche Ziele ist es sinniger, nur in eine leichte Hypnose hinein zu gehen. In der Regel kann sich die Klientin auch immer an alles oder an das meiste erinnern, was ich in der Sitzung gesagt habe.

Viele meiner Klienten erzählen mir, dass sie in dem Moment, als ich wieder zum Auflösen der Hypnose hochgezählt habe (meistens zähle ich von 1 bis 10), gar nicht mehr aus der Hypnose herauskommen wollten; so schön war es.

Meine positiven Erfahrungen der vergangenen Woche:

„Es gibt zwei Welten:

Die Welt, die wir mit dem Lineal messen können, und die Welt, die wir mit unserem Herzen und unserer Fantasie empfinden.“

Leigh Hunt

Das habe ich mir für die 10. Woche vorgenommen:

Geschenk-Denken - erst muss etwas Negatives „passieren“, damit du das Positive erkennst

Hier geht es darum, eine schwierige Situation zu bewältigen oder mit einem negativen Erlebnis besser umgehen zu können. Die Technik des „Geschenk-Denkens“ ist ein Denkmuster, das du trainieren musst, damit du positiv mit der Wirkung umgehen kannst.

Mein Erlebnis: Ich bin mit meinem Auto unterwegs zu einem Termin und befand mich unter Zeitdruck. Ich fuhr auf einer kurvenreichen Landstraße. Ich fuhr dann nach und nach auf ein anderes Fahrzeug auf, dass gerade mal so schnell war wie die zulässige Höchstgeschwindigkeit. Nach einigen Kilometern, es war mal wieder eine enge Kurve, kam uns ein Sportwagen direkt aus einer Kurve heraus entgegen. Nur knapp entkamen wir einem schweren Unfall. Das Negative „ich bin zu spät“ entwich sofort, denn wenn auch ich mit höherer Geschwindigkeit gefahren wäre, hätte es an einer anderen Stelle zu einem Zusammenstoß mit dem Sportwagen kommen können. Ich bin im Nachhinein froh, dass der langsame Fahrer mich quasi ausgebremst hat.

Eine weitere Geschichte möchte ich dazu kurz erzählen. Auf einem Vortragsabend erzählte eine junge Frau ihre Lebensgeschichte: „Krankheit als Geschenk.“ Sie hatte von Geburt an Neurodermitis. Kein Arzt konnte ihr helfen. Mit Anfang 20 führte sie der Weg zu einer Ernährungsmedizinerin. Seitdem hat sie kaum noch Beschwerden. Sie hat ihr Leben komplett umgestellt, sie ernährt sich vegan, studiert Ernährungswissenschaften, und hat nach kurzer Zeit über 10.000 Follower auf Instagram, wo sie täglich ihre Rezepte präsentiert.

Das meine ich, wenn ich dir empfehle, aus einer negativen Situation den Vorteil zu ziehen.

Meine positiven Erfahrungen der vergangenen Woche:

____

____

____

____

____

Freundlich zu Jemanden zu sein, den man nicht mag, heißt nicht, dass man falsch ist. Es bedeutet, dass man reif genug ist, auch die zu tolerieren, die man nicht mag.

Das habe ich mir für die 11. Woche vorgenommen:

____

____

____

____

Achtsamkeit – was ist das?

Hier zitiere ich gerne das Deutsche Fachzentrum für Achtsamkeit (DFME): Achtsamkeit ist eine Qualität des menschlichen Bewusstseins, eine besondere Form von Aufmerksamkeit. Es handelt sich dabei um einen klaren Bewusstseinszustand, der es erlaubt, jede innere und äußere Erfahrung im gegenwärtigen Moment vorurteilsfrei zu registrieren und zuzulassen.

Ziel ist es, gewohnheitsmäßige automatische und unbewusste Reaktionen auf das gegenwärtige Erleben, was zu einem hohen Maß an situationsadäquatem, authentischem und selbstbewusstem Handeln führt, zu reduzieren. Wer achtsam lebt, stellt fest, dass sein Empfinden von Glück und Lebensfreude nicht von äußeren Bedingungen abhängig ist. Er entwickelt einen klaren, stabilen Geist, der es ihm erlaubt, auch in schwierigen Lebenszeiten und Situationen mit der Kraft seiner inneren Ressourcen verbunden zu sein.

Laut DFME hat die Achtsamkeit u.a. die folgenden Auswirkungen:

- Ein klareres Verständnis bezüglich seiner selbst
- Zugang zu den eigenen inneren Ressourcen finden und selbstgesteckte Grenzen erweitern
- Beruhigung und Stabilisierung des Geistes: Nicht mehr von Gedankenströmen „aufgefressen“ werden
- Sich psychisch-emotionalen Belastungen, Stress-Situationen und widrigen Lebensumständen besser gewachsen fühlen
- Mit sich selbst geduldiger sein und sich besser akzeptieren
- Weniger ängstlich, seltener deprimiert sein
- Impulskontrolle entwickeln: Nicht mehr so oft heftig aufbrausend sein
- Negative Emotionen in sinnvolle Kanäle lenken

Meine positiven Erfahrungen der vergangenen Woche:

____

____

____

____

____

„Eine Minute, die man lacht, verlängert das Leben um eine Stunde."

Aus China

Das habe ich mir für die 12. Woche vorgenommen:

____

____

____

____

Meine Übung zur Achtsamkeit – Lebensfreude

Schreibe dir einmal auf, welche Erlebnisse dir in der Vergangenheit viel Freude bereitet haben. Es sollen die wichtigsten oder die schönsten Erlebnisse sein. Anschließend wählst du ein Erlebnis aus.
Suche dir nun eine Möglichkeit des Rückzugs, so dass dich in den nächsten Minuten niemand stören kann.

Konzentriere dich nun auf dieses schöne/wichtige Erlebnis. Stelle es dir vor. Versuche in diese schöne Situation gedanklich hineinzugehen, um alles noch einmal genau zu erleben.

Versuche so intensiv wie möglich die positiven Gefühle aus der Situation zu erleben. Wiederhole diese Übung immer wieder.

Wann immer du ein positives Gefühl der Lebensfreude benötigst, erinnere dich kurz an dieses Erlebnis, dass du immer wieder bei deiner Achtsamkeitsübung in Gedanken hast.

Ziel ist es, dass du durch das regelmäßige Anwenden erlernst, in jeder Situation deine Lebensfreude bei Bedarf ganz gezielt „abzurufen" und dass sich dieser Ablauf nach und nach intensiviert und automatisiert.

In deinem Unterbewusstsein wird auf diesem Weg ein positiveres Gefühl der Lebensfreude abgespeichert und kann jederzeit von dir abgerufen werden.

Viel Freude mit dieser Übung :-)

Meine positiven Erfahrungen der vergangenen Woche:

____

____

____

____

____

Positives Denken und der Glaube an sich selbst,
sind der Weg zum Erfolg.

Das habe ich mir für die 13. Woche vorgenommen:

____

____

____

____

11 x Hilfe für einen gesunden Schlaf

- mindestens 3 Stunden vor dem Zu-Bett-Gehen keine koffeinhaltigen Getränke und keine Mahlzeiten
- Kein Fernsehen direkt vor dem Zu-Bett-Gehen
- Nehme dir 30 Minuten vor dem Zu-Bett-Gehen Zeit, um z.B. zu lesen (leichte, humorvolle Geschichten)
- Dein Schlafzimmer sollte gut abgedunkelt sein
- Nach Möglichkeit alle Geräusche minimieren, z.B. tickernder Wecker. Wenn die Geräusche nicht abgestellt werden können, dann gerne Ohrstöpsel verwenden
- Rituale und Zeiten einhalten d.h. Möglichst zu gleichen Zeiten ins Bett gehen/aufstehen. Beachte deine innere Uhr
- Benutze das Bett nur zum Schlafen und nicht für andere Nebenbeschäftigungen (Buch lesen, Handy spielen, usw.)
- Treibe Sport und sei aktiv; Sport entstresst, so dass der Körper am Abend sich die Erholung holt
- Vor dem Zu-Bett-Gehen das Schlafzimmer 1x gut durchlüften
- Nutze ein Notizbuch als „Gedanken-Buch“, um alles zu notieren, was dir in dem Moment des „Zu-Bett-Gehens“ einfällt bzw. sich in deinen Gedanken aufhält. Was du niederschreibst, ist in dem Gedankenbuch abgespeichert und muss dann nicht ständig in deinen Gedanken auftauchen
- Ab einer von dir bestimmten Uhrzeit bist du nicht mehr erreichbar. Das hat den Vorteil, dass du nicht mehr ständig auf dein Handy o.ä. Schauen musst, ob noch Anrufe oder Nachrichten eingegangen sind. Schalte ab; morgen ist auch noch ein Tag

Meine positiven Erfahrungen der vergangenen Woche:

____

____

____

____

____

Der kürzeste Weg zu einem Menschen ist ein Lächeln.

Das habe ich mir für die 14. Woche vorgenommen:

____

____

____

____

Zeit – ein kostbares Gut

Ob im Büro, im Geschäft oder auf einen anderen Arbeitsplatz – gut strukturiert und geordnet kannst du viel Zeit für dich einsparen. Hier nur ein paar Tipps für dich:

Arbeit bündeln – gleiche Arbeitsvorgänge
Wenn du gleichartige Arbeiten hast, die gleiche oder sehr ähnliche Arbeitsfolgen haben, dann arbeite diese gleichen Aufgaben im Bündel ab z.B. erst die Eingabe von Daten im PC und anschließen die Unterlagen wegheften.

Arbeit bündeln – wichtige und nicht so wichtige Aufgaben
Aufgaben, die nicht so wichtig sind bzw. Aufgaben, die einige Tage liegen bleiben können, sammelst du einige Tage; anschließend sortieren(Datum, Aktenzeichen, o.ä.). Nun kannst du diese Aufgaben abarbeiten. Wichtige Aufgaben solltest du nicht lange aufschieben, da du ohnehin ständig daran denken musst, und die Gedanken daran dich in anderen Themen blockieren. Daher: Wichtige Aufgaben schnell erledigen und du spürst sofort die Erleichterung.

mit System arbeiten
Wenn ich so auf manche Schreibtische schaue, dann erschrecke ich mich häufig. Alles liegt irgendwie herum. Es fehlt an Struktur. Es fehlt an einem System. Sortiere deine Daten oder Papiere nach einem festen System. Aktenzeichen, Thema, Kunden/Klienten, Datum, usw. Überlege, welche Sortierung für dich am besten ist. Arbeitest du viel mit elektronischen Daten, dann lege dir am PC eine Ordnerstruktur an, die du entsprechend beschreibst.

Meine positiven Erfahrungen der vergangenen Woche:

„Misserfolg ist lediglich eine Gelegenheit, mit neuen Ansichten noch einmal anzufangen."

Henry Ford

Das habe ich mir für die 15. Woche vorgenommen:

Mein Ziel nach dem S.M.A.R.T.-System

Smart steht für spezifisch, messbar, attraktiv, realistisch und terminiert. Versuche doch mal, eines deiner Ziele nach diesen Kriterien zu definieren. Ich helfe dir dabei mit einem Beispiel.

Der erste Gedanke an ein Ziel: Ich will mich besser fühlen

Das Ziel wird jetzt nach und nach mit S.M.A.R.T. verfeinert.

S = spezifisch

Der allgemeine Wunsch nach einem besseren Gefühl wird jetzt genauer beschrieben. *Ich will Körpergewicht abnehmen.*

M = messbar

Was du erreichen möchtest, muss nachvollziehbar sein anhand klarer Werte. *Ich will mein Wunschgewicht von 69 kg erreichen.*

A = attraktiv

Das erreichbare Ziel muss für dich so attraktiv sein, dass du so motiviert bist, um es auch wirklich erreichen zu wollen. *Damit ich mich endlich rundherum wohl fühle, will ich mein Wunschgewicht von 69 kg erreichen.*

R = realistisch

Mit deinen Ressourcen und deiner Zeitplanung ist dein Ziel zu schaffen.

T = terminiert

Setze dir ein Datum für dein Ziel oder gebe dir eine Zeit vor, in der du dein Ziel erreichen möchtest. *Damit ich mich endlich rundherum wohl fühle, will ich mein Wunschgewicht von 69 kg bis zum 31.05.20.. erreichen.*

Meine positiven Erfahrungen der vergangenen Woche:

Du kannst nicht negativ denken und Positives erwarten.

Das habe ich mir für die 16. Woche vorgenommen:

Positiv leben – dafür bin ich verantwortlich

Ich kann das Projekt nicht umsetzen, weil mein Chef/mein Vorgesetzter mir nicht die Freiheiten lässt.

Ich kann nicht mit dem Rauchen aufhören, weil meine Frau weiter raucht und das stört mich dann zu Hause.

In unserem Mehrfamilienhaus kommt keine Ruhe hinein, weil die Nachbarin Schmidt immer meckert.

Ich würde ja gerne abnehmen, aber in den nächsten Tagen und Wochen sind noch so viele Geburtstage, das lohnt dann nicht.

usw. usw.

Was haben diese Aussagen gemeinsam?

1. Ich setze mein Ziel nicht um
2. Immer sind die anderen „schuld“

Wie wäre es, wenn du beim nächsten NEIN mal die Formulierung wechselst.

Ich werde das Projekt umsetzen und hole mir vorher von meinem Chef/ meinem Vorgesetzten die notwendigen Freiheiten.

Ich werde mit dem Rauchen aufhören, auch wenn meine Frau weiter raucht, denn das wird mich nicht stören.

In unserem Mehrfamilienhaus kommt ab jetzt mehr Ruhe hinein, weil ich das Gespräch zu der Nachbarin Schmidt suchen werde.

Ich werde ab sofort abnehmen und werde meine Ernährungsumstellung auch an den bevorstehenden Geburtstagen umsetzen.

Meine positiven Erfahrungen der vergangenen Woche:

„Nicht die Dinge sind positiv oder negativ, sondern unsere Einstellung macht sie so.“

Epiktet, griechischer Philosoph

Das habe ich mir für die 17. Woche vorgenommen:

Zwischenbericht nach knapp einem Drittel

Die meisten Menschen haben Ziele im Leben z.B. ein schönes Haus kaufen, ein Studium und später einen gutbezahlten Job, eine eigene Firma. Nicht alle Menschen erreichen ihr Ziel. Warum?

In mehreren Studien haben Wissenschaftler herausgefunden, dass wir unsere Ziele eher erreichen, wenn wir es aufschreiben. So einfach geht das?

Bei einem Versuch in der University of Toronto wurde ein Versuch mit 700 Schülern unternommen. Die Schüler sollten sich Gedanken über ihren zukünftigen Lebensweg machen. Nach einem Zeitraum von zwei Jahren wurde festgestellt, dass die Schüler, die ihre Ziele notierten, positive Veränderungen vollzogen haben. Bei den Schülern, die keine Ziele notierten, wurden nahezu keine dahingehenden positiven Veränderungen festgestellt.

Auch eine Studie der Harvard University aus dem Jahr 1979 kommt zu einem ähnlichen Ergebnis.

Das Schreiben oder besser gesagt, das Aufschreiben, hat eine besondere Kraft. Es liegt wohl an der Visualisierung der Gedanken und der Verbindlichkeit durch das Aufschreiben.

Aufgabe1:

Notiere dir die schönsten drei Erlebnisse aus den vergangenen 16 Wochen auf der nächsten Seite. Wenn du magst, mache dabei deine eigene Rangfolge.

Aufgabe 2:

Notiere drei deiner schönsten oder wichtigsten Erfolge der vergangenen 16 Wochen; vielleicht sogar die Ziele, die du bereits erreicht hast.

Die drei schönsten Erlebnisse der vergangenen 16 Wochen:

Die drei schönsten oder wichtigsten Erfolge der vergangen 16 Wochen:

Die Geschichte vom Fischer und dem Investmentbanker

Ein Fischer sitzt am Strand, wo er gerade mit seinem Boot anlegt hat. Es ist noch früher Nachmittag und er hat bereits drei Thunfische gefangen. Da kommt ein Investmentbanker vorbei und fragt ihn: "Warum fangen sie nicht noch ein paar mehr Fische? Es ist doch noch recht früh." Der Fischer antwortet. "Wissen sie, ich habe heute noch ein paar schöne Dinge vor. Ich möchte noch mit meiner Familie zusammen sein, mich mit ein paar Freunden treffen, Wein trinken und ein bisschen Musik spielen. Dann möchte ich mich noch ein bisschen hinsetzen, den Tag genießen und einfach nichts tun."

Der Investmentbanker erklärt ihm: "Ich habe da eine ganz tolle Idee für sie. Wenn sie einfach nur jeden Tag ein paar Stunden mehr arbeiten, dann könnten sie ein paar mehr Fische fangen, das Geld sparen und sich davon nach einiger Zeit ein größeres Boot kaufen. Mit dem größeren Boot könnten sie dann noch mehr Fische fangen und könnten diese größere Menge für mehr Geld verkaufen. Sie würden größere Profite machen. Davon könnten sie irgendwann selbst eine Fabrik kaufen. Nach einiger Zeit könnten sie dann sogar an die Börse gehen und ihre Firma für Millionen verkaufen. Dann wären sie Millionär und könnten das Leben genießen. "

Der Fischer fragt: "Wie lange würde das ganze ungefähr dauern?" Und der Investmentbanker antwortet: "Na, so 15 -20 Jahre etwa."

Der Fischer fragt den Investmentbanker weiter: "Und was würde ich dann tun, wenn ich das gemacht hätte, wenn ich das verkauft hätte?“

Der Investmentbanker antwortet: "Naja, dann könnten sie den Tag mit ihrer Familie verbringen, den Abend mit ihren Freunden zusammen sein, Musik machen, Wein trinken, und auch einfach mal nichts tun. Und dann hätten sie auch noch Zeit ein bisschen fischen gehen." Und der Fischer sagt: „Ja, das ist doch genau das, was ich jetzt gerade tue."

Meine positiven Erfahrungen der vergangenen Woche:

Wenn du fliegen willst, musst du loslassen, was dich runterzieht.

Das habe ich mir für die 18. Woche vorgenommen:

Achtsamkeitsübung: Ruhe und Gelassenheit durch deine Atmung

Konzentriere dich auf deine Atmung. Atme ganz ruhig ein und wieder aus. Du kannst dabei deine Augen geöffnet lassen.

Wenn du wieder einatmest, dann zähle doch die Sekunden.

Atmest du aus, dann zähle auch hier die Länge des Atmungsvorganges.

Vielleicht stellst du fest, dass das Einatmen genauso lange dauert wie das Ausatmen zuvor. Wenn dies nicht der Fall ist, so verändere deine Atmung so, dass Einatmen und Ausatmen gleich lang dauern.

Nach einer Weile veränderst du das Tempo. Nun dauert das Einatmen länger als das Ausatmen. Behalte das Tempo für eine Weile bei. Anschließend veränderst du das Tempo erneut. Nun dauert das Ausatmen länger als das Einatmen.

Erhalte so ein Gefühl für deine Atmung.

Vielleicht spürst du auch eine Wärme beim Ausatmen, vielleicht auch ein wenig kühle Luft beim Einatmen. Und wenn, während du auf deine Atmung achtest, andere Gedanken kommen, dann lass diese Gedanken einfach kommen und wieder gehen. Halte nicht an diesen Gedanken fest, sondern konzentriere dich noch stärker auf deine Atmung.

Beginne mit dieser Übung für max. zwei Minuten, täglich zwei oder drei Mal. Steigere dich in der Länge deiner Übung auf drei Minuten, später vier oder fünf Minuten. Entwickel dein eigenes Gefühl für diese Übung und lass aus deinem Gefühl heraus immer wieder neue Abläufe oder Varianten in deine Übung einfließen.

Ich wünsche dir dabei viel Spaß.

Meine positiven Erfahrungen der vergangenen Woche:

____

____

____

____

____

"Wenn du ein Schiff bauen willst, so trommle nicht Männer zusammen, um Holz zu beschaffen, Werkzeuge vorzubereiten, Aufgaben zu vergeben und die Arbeit einzuteilen, sondern lehre die Männer die Sehnsucht nach dem weiten endlosen Meer." Antoine de Saint Exupery

Das habe ich mir für die 19. Woche vorgenommen:

____

____

____

____

Ich mach mein Leben so wie ich es will – meine Glücksmomente (1)

Häufig leben wir so in den Tag hinein und lassen uns von den Terminen und den Bedürfnissen unserer Mitmenschen leiten. In meine Praxis kommen häufig Menschen, die sich sehr intensiv für andere einsetzen, aber für sich selbst fehlt häufig die Kraft.

Von mir kommen in diesem Moment sehr deutliche Mahnungen. Wie soll jemand anderen helfen können, die oder der selbst nur noch bei ca. 50 -60% seiner Lebenskraft und Lebensfreude ist. Mein Rat ist dann immer gleich: „Sorge für dich und sorge dafür, dass du deine 100% wieder erreichst. Erst dann sorge für die anderen!"

Standardantwort der Klienten: „Wie?"

„Nun, mache einfach das, was für dich wichtig ist und was dir Freude bereitet. Erstelle eine Liste von Aktivitäten, die du gerne machst und die du möglicherweise schon lange nicht mehr gemacht hast.

Beispiele: eine Kosmetikbehandlung; ein ausgiebiges Bad; ein Besuch in einem Museum; deine Lieblingsmusik aus alten Zeiten auf einen Stick laden, um diese dann im Auto hören zu können; eine Party organisieren mit alten Bekannten oder ehemaligen Schulfreunden. Da gibt es sicher vieles mehr, was dir dazu einfällt.

Erstelle dir deine ganz eigene Liste. Setze dir ein zeitliches Ziel der Umsetzung. Sorge dafür, dass du deine ganzen Ziele, die du auf deine Liste notiert hast, in dem von dir zeitlichen Rahmen umgesetzt hast.

Sorge für dich und sorge dafür, dass es dir gut geht.

Du bist das Wichtigste in deinem Leben.

Meine positiven Erfahrungen der vergangenen Woche:

„Menschen mit einer neuen Idee gelten so lange als Spinner, bis sich die Sache durchgesetzt hat.“

Mark Twain

Das habe ich mir für die 20. Woche vorgenommen:

Ich mach mein Leben so wie ich es will – meine Glücksmomente (2)

Ich beginne mit dieser Liste mit Beispielen. Du darfst diese Liste dann mit deinen Wünschen weiter füllen.

Was möchte ich unternehmen?	wann oder bis wann?	Welche Vorbereitungen muss ich dafür treffen?
ein Badetag im Erlebnisbad	nächsten Samstag um 10.00 Uhr	online-Ticket besorgen
eine Stadtbesichtigung	Sonntag, 28.05. um 13.30 Uhr	fragen, ob Herbert mitkommt; Tickets besorgen
Gartenparty mit meinen Freundinnen	im Juli	Bei allen nachfragen und einen Termin klar machen

Meine positiven Erfahrungen der vergangenen Woche:

____

Schließe ab mit dem was war, sei glücklich mit
dem was ist und offen für das was kommt.
Das Leben ist schön, von einfach war nie die Rede.

Das habe ich mir für die 21. Woche vorgenommen:

Teste deine Fähigkeiten

Schaue dir 10 Sekunden die nachstehende Zahl an, schaue dann zur Seite und schreibe diese Zahl auf ein Blatt Papier:

241219611945

Geschafft?

Versuche es mit der nächsten Zahl:

24.12.1961 19:45

Ging es besser?

Wenn du dir etwas besser merken möchtest, unterteile die Informationen.

Hintergrund: wir können 7 Informationen merken +/-2

Sehen wir auf die zweite Zahlenreihe, sind es nicht mehr 12 Ziffern, sondern ein Tag, ein Monat, ein Jahr, eine Uhrzeit = 4 Informationen

Ich nutze diese Technik auch das eine oder andere Mal in der Hypnose-Einleitung. Wenn ich das Gefühl habe, meine Klientin ist sehr kopflastig und kann schwer entspannen, gebe ich ihr immer mehr Informationen, auf die sie sich konzentrieren soll: ihre Atmung; die Wärme der Decke, die auf dem Körper liegt; die Leichtigkeit, mit der der Kopf auf dem Kissen liegt; die Musik, die im Hintergrund läuft; meine Stimme (das sind schon 5 Informationen), das wunderbare schwebende Gefühl in ihrem Körper; der frische Duft der Sommerwiese; usw.

Die Klientin kann möglicherweise nicht mehr alles nachvollziehen und wünscht sich dadurch nur noch Entspannung und Gelassenheit und gleitet so immer tiefer in die Hypnose hinein.

Meine positiven Erfahrungen der vergangenen Woche:

„Niemand weiß, was er kann, wenn er es nicht versucht."

Publius Syrus

Das habe ich mir für die 22. Woche vorgenommen:

Eine Schwäche kann auch eine Stärke sein

Ein zehnjähriger Junge beschloss Judo zu lernen, obwohl er bei einem Verkehrsunfall seinen linken Arm verloren hatte. Er nahm Judo-Unterricht bei einem alten japanischen Meister. Der Junge lernte schnell, verstand aber nicht, warum ihm der Meister nach drei Monaten nur einen einzigen Griff beigebracht hatte. „Meister", sagte er: „Sollte ich nicht noch andere Griffe lernen?" Der Meister antwortete: „Das ist der einzige Griff, den du kennen musst". Der Junge verstand den Meister nicht, aber er trainierte diesen einen Griff weiter. Monate später nahm er das erste Mal an einem Turnier teil. Er gewann die ersten beiden Kämpfe ohne große Mühe. Beim dritten Kampf hatte der Junge etwas mehr Mühe, aber er gewann auch diesen, mit seinem einzigen Griff.

Im Finale traf er auf einen Gegner, größer, stärker und erfahrener als er. Der Junge nutzte seinen Griff und gewann überraschend den Kampf. Auf dem Nachhauseweg fragte der Junge: „Meister, wie konnte ich das Turnier mit nur einem einzigen Griff gewinnen?" Nun, du beherrscht einen der schwierigsten Würfe des Judo meisterhaft. Die einzige Verteidigung gegen diesen Griff darin, dass dein Gegner deinen linken Arm fassen kann!"

Die größte Schwäche des Jungen, war zugleich seine größte Stärke!

Meine positiven Erfahrungen der vergangenen Woche:

"Gehe du deinen Weg und lass die Leute reden."
Dante Alighieri

Das habe ich mir für die 23. Woche vorgenommen:

Arbeitsbogen – Meine Kernkompetenzen (1)

Schreibe deine Kernkompetenzen auf. Du bist ein toller, wunderbarer Mensch. Also schreib auf, was so toll an dir ist.

1. **Welche Stärken/Fähigkeiten habe ich? Worin bin ich gut?**

____

____

____

____

2. **Welche Talente habe ich?**

____

____

____

____

3. **Was möchte ich noch neu erlernen?**

____

____

____

____

Meine positiven Erfahrungen der vergangenen Woche:

„Eine tausend Meilen lange Reise beginnt mit einem einzelnen Schritt."

Laotse

Das habe ich mir für die 24. Woche vorgenommen:

Arbeitsbogen – Meine Kernkompetenzen (2)

4. Welchen Job würde ich (unabhängig vom Geld) am liebsten machen?

____

____

____

5. Von wem erhalte ich Lob/Anerkennung und in welcher Form?

____

____

____

6. Von wem wünsche ich mir Lob/Anerkennung und in welcher Form?

____

____

____

7. Wie häufig lobe ich mich selbst und in welcher Form? Oder ... belohne ich mich selbst; ggfs. in welcher Form?

____

____

____

Meine positiven Erfahrungen der vergangenen Woche:

____

____

____

____

____

Sei so gut gelaunt, dass negative Menschen keine Lust haben, in deiner Nähe zu sein.

Das habe ich mir für die 25. Woche vorgenommen:

____

____

____

____

Deine Achtsamkeitsübung – Achtsam mit meiner Hand

Stelle dir vor, du stehst in einer Warteschlange z.B. beim Imbiss, bei der Bank oder bei einer Behörde. Dann kannst du deine Wartezeit sinnvoll mit einer Achtsamkeitsübung überbrücken. Schaue auf deine Hand und konzentriere dich auf deine Finger. Nach und nach wanderst du in deinen Gedanken von Finger zu Finger.

Daumen: Höre der Geräuschkulisse zu. Versuche einzelne Geräusche heraus zu hören. Wie unterscheiden sich diese Geräusche in der Tonlage oder in der Lautstärke?

Zeigefinger: Schaue unauffällig in jede Richtung und konzentriere dich in jede Richtung auf einen bestimmten Punkt. Wechsel den Blick nach ca. 30 Sekunden.

Mittelfinger: Spüre in deinen Körper hinein. Wie ist deine Atmung? Spürst du Wärme oder Kälte?

Ringfinger: Was schmeckst du gerade? Hast du die Möglichkeit, einen Bonbon zu lutschen, um die einzelnen Geschmacksrichtungen heraus zu finden?

Kleiner Finger: Was kannst du gerade riechen? Konzentriere dich auf den Duft der Umgebung. Was ist mit den Menschen, die mit dir warten? Geben die einen besonderen Duft ab? Wenn du alle Finger durch hast, dann beginne von vorne, so lange, bis die Wartezeit vorbei ist.

Meine positiven Erfahrungen der vergangenen Woche:

____

____

____

____

____

„In dir muss brennen, was du in anderen entzünden willst."

Augustinus Aurelius

Das habe ich mir für die 26. Woche vorgenommen:

____

____

____

____

Hypnose CD`s für dich und deine Freunde / Familie

Angebot Hypnose CD`s mit Rabatt Code „Buch 4587“

alle für 9,00 Euro zzgl. Versand

Sofort anfordern unter: info@hypnosepraxisjelen.de

Motivation pur – ich schaffe es!
Starten Sie in eine neue Zeit – und gehen Sie motiviert an die bevorstehende Prüfung heran.
- leichter lernen, einfacher merken
- Steigerung der Motivation
- Keine Angst in die Prüfung zu gehen
- Bessere Konzentration
- den gelernten Stoff zu 100 % abrufen können
- lernen, ohne sich ablenken zu lassen
- an die „Grenze“ gehen; das Maximum herausholen
- die eigenen Talente und Fähigkeiten nutzen

Sie wollen die Prüfung schaffen? Leicht und mühelos? Dabei hilft Ihnen diese Hypnose-CD. Motivationsprobleme gibt es dank dieser speziell erstellten Hypnose-CD nicht.

Starten Sie Ihren Weg zum Wunschgewicht und zu Ihrer Wunschfigur. Nehmen Sie Gewicht ab, leicht und mühelos. Bekommen Sie mit Hilfe dieser Hypnose-CD die notwendige Motivation um durchzuhalten.
Mit dieser Hypnose-CD bleiben Sie stark und diszipliniert. Sie ändern Ihr altes, negatives in ein neues, gesundes Ess- und Ernährungsverhalten. Auch Rückschläge können Sie nicht von Ihrem Weg abhalten. Sie lernen, immer weiter zu gehen und Sie erfahren, wie schön es ist, erfolgreich zu sein.

Hypnose CD`s für dich und deine Freunde / Familie

Angebot Hypnose CD`s mit Rabatt Code „Buch 4587"

alle für 9,00 Euro zzgl. Versand

Sofort anfordern unter: info@hypnosepraxisjelen.de

HypnoRelax® - Ruhe und Gelassenheit

Wunderbare Reise für mehr Ruhe und Gelassenheit. Sich wohl fühlen und wieder neu aufladen, Kraft tanken.
Gesamtlaufzeit: 37.55 Min

HypnoRelax® - Ruhe und Gelassenheit 2
Wunderbare Reise für mehr Ruhe und Gelassenheit. Sich wohl fühlen und wieder neu aufladen, Kraft tanken.
Diese CD hat eine Blockadenlösung als Ergänzung.
Dadurch können alte negative Erfahrungen gelöst werden.
Gesamtlaufzeit: 48.00 Min

Halbzeit – wie war deine erste Hälfte? Wie wird deine zweite Hälfte?

Jetzt, nach 26 Wochen, kannst du bereits auf einen großen Schatz positiver Erlebnisse zurückschauen. Mit der Zeit achtest du im Alltag mehr auf deine positiven Gedanken und Momente. Vor allem wenn du dich in einer schwierigen Lebensphase befindest, hilft dir dieses Buch.

Insofern ist dieses Buch auch ein Training, deine positive Kraft zu stärken. Du lernst, dich immer mehr den positiven Dingen zuzuwenden. Du lernst auch, die positiven Erlebnisse als deine Ressourcen zu bündeln, und sie für dich zu nutzen.

Dein Blick nach vorne wird immer klarer, immer positiver. Du schaust immer weiter auf den Moment, den es zu leben gilt, aber auch auf die positiven Momente, die noch kommen.

Wir lernen aus unseren Erfahrungen.

Zudem helfen dir deine Erfolge auch, dein eigenes Selbstvertrauen aufzubauen.

Wie klappt es mit den Zielen für die laufende Woche? Bemühe dich, dir regelmäßig kleinere oder größere Ziele vorzunehmen und diese auch zu erreichen. Wer planlos durchs Leben rennt, kommt nie ins Ziel. Daran erkennst du, wie wichtig es ist, dass du dir jede Woche etwas vornimmst. Erreichst du dein Vorhaben, stärkt es dein Selbstvertrauen und dein Selbstbewusstsein. Du lernst Woche für Woche erfolgreich zu sein. Das ist eine tolle Erfahrung, die tief in deinem Unterbewusstsein gespeichert wird. Du kannst jederzeit auf diese positiven Erfahrungen (Erfolge) zurückgreifen.

Weiter geht`s. Deine zweite Jahreshälfte beginnt. Starte in eine neue, aufregende und positive Zeit.

Meine positiven Erfahrungen der vergangenen Woche:

____

____

____

____

____

„Denken müssen wir ja sowieso ...
... warum nicht gleich positiv."
Albert Einstein

Das habe ich mir für die 27. Woche vorgenommen:

____

____

____

____

Zwei Dinge sind mir wichtig

1. Miteinander umgehen

Eine Botschaft habe ich von einem lieben Menschen mitgenommen. Er war Vorgesetzter einer größeren Belegschaft und musste natürlich auch Personalentscheidungen treffen; nicht immer nur positive. Dennoch pflegte er einen Grundsatz:

„Gehe (auch als Chef) mit deinen Mitmenschen so um, wie du es erwartest, dass sie auch mit dir umgehen."

Ich glaube, wenn wir alle diesen Grundsatz beachten, gibt es deutlich weniger Konflikte und deutlich weniger „Ellenbogendenken".

2. Kommunikation – Rede über das, was du tust

Die zweite Botschaft begegnet mir ebenfalls sehr häufig und trifft in vielen Bereichen zu. Ein Beispiel: Meine Frau schickt viele Kundinnen aus ihrem Geschäft in ein anderes Geschäft, in dem ergänzende Artikel gekauft werden können. Hin und wieder sagt sie dann, sie habe dem anderen Geschäft schon so viele Kundinnen „rübergeschoben"; mal schauen, ob auch mal eine Rückmeldung kommt.

Dann sage ich immer: „Woher soll das andere Geschäft wissen, was du „Gutes" tust? Gehe nicht davon aus, dass es allgemein bekannt ist oder die Kunden es automatisch erzählen."

Thema Information:

Da fällt mir doch ein, dass sich immer wieder manche Menschen beklagen, dass sie gewisse Informationen nicht erhalten haben. Wie wäre es, wenn du dir die Information selbst holst, anstatt darauf zu warten?

Meine positiven Erfahrungen der vergangenen Woche:

____

____

____

____

____

„Es sind nicht die Jahre deines Lebens, die zählen.
Was zählt, ist das Leben innerhalb der Jahre.“

Abraham Lincoln

Das habe ich mir für die 28. Woche vorgenommen:

____

____

____

____

Nicht warten – starten (1)

Das 7-Minuten-Programm zur Motivation von Michael v. Pantalon

Wie häufig hast du schon etwas aufgeschoben: „Das mach ich später!" „Das mache ich, wenn die Zeit reif ist!" usw.
Der amerikanische Psychologe Pantalon hat herausgefunden, dass es eine Möglichkeit gibt, das „Aufgeschobene" schneller und dazu noch motiviert in Angriff zu nehmen.
Stelle dir die nachfolgenden 6 Fragen und beantworte diese auch. Deine Antworten bestärken dich in deiner Motivation.

Frage 1:

Warum könnte ich mich ändern wollen?

Was sind die Gründe und was spricht für eine Veränderung?

Beantworte dir die Frage und notiere die Antworten.

Frage 2:

Auf einer Skala von 1 – 10: Wie groß ist deine Bereitschaft, dich zu ändern?

Wie groß ist also deine Bereitschaft, z.B. mit dem Rauchen aufzuhören, Gewicht abzunehmen, mit der nächsten Fortbildung zu starten, deinen Beruf zu wechseln, usw.?

Die Antwort schreibst du in Form einer Skala von 1 - 10 auf; 1 für keine Bereitschaft und 10 für höchste Bereitschaft.

Meine positiven Erfahrungen der vergangenen Woche:

Fürchte nicht das Scheitern.

Fürchte die Chancen, die du verpasst.

Das habe ich mir für die 29. Woche vorgenommen:

Nicht warten – starten (2)

Das 7-Minuten-Programm zur Motivation von Michael v. Pantalon

Frage 3:

Warum habe ich keine *kleinere* Zahl genommen?

Dahinter verbirgt sich die Frage: „Warum bist du zumindest so motiviert, dass du keine kleinere Zahl genommen hast? Deine Erkenntnis: Ich bin immerhin nicht völlig abgeneigt, an die Sache heranzugehen. Auf diese schon vorhandene Eigenmotivation kannst du jetzt aufbauen. Du wirst ermutigt, deine eigenen Gründe für das zu finden, was du die ganze Zeit aufschiebst. Schon daran erkennst du, dass dir dieses Ziel wichtig ist bzw. das Erreichen des Zieles dich in irgendeiner Form weiterbringt.

Frage 4:

Wenn ich mein Vorhaben bereits erledigt hätte, was wären dann die

positiven Folgen?

Du hast jetzt die Möglichkeit, dir ein Zukunftsbild aufzubauen und dich hinein zu fühlen in die Gewissheit, dein Vorhaben erledigt zu haben. Stell dir vor, wie erfüllt oder erleichtert du bist, wenn du weißt, dass alles erledigt ist.

Hier sind deine mentalen Fähigkeiten gefragt. Versuche dir so realistisch wie möglich die Situation vorzustellen, dass alles erledigt sei. Wie fühlst du dich? Was fühlst du? Stolz? Befriedigung? Erleichterung? Befreiung? Stärke oder Kraft?

Auch hier notierst du alles auf, was vorher in deinen Gedanken vorstellbar war. Dadurch, dass du alles notierst, verankerst du alles zusätzlich in deinem Unterbewusstsein.

Meine positiven Erfahrungen der vergangenen Woche:

____

____

____

____

____

„Um klar zu sehen, reicht oft ein Wechsel der Blickrichtung."

Antoine De Saint-Exupery

Das habe ich mir für die 30. Woche vorgenommen:

____

____

____

____

Nicht warten – starten (3)

Das 7-Minuten-Programm zur Motivation von Michael v. Pantalon

Frage 5: Warum sind mir diese Resultate wichtig?

Hier geht es um die Bedeutung der Resultate. Auch diese sind zu notieren und zu verinnerlichen.

Frage 6: Was ist, wenn überhaupt, mein nächster Schritt?

Die Einschränkung „wenn überhaupt“ signalisiert die Freiwilligkeit, mögliche Schritte anzugehen. Nach diesen 6 Schritten muss nicht unbedingt der Start erfolgen. Aber die 6 Fragen helfen, die eigene Motivation zu stärken, um an schwierige Themen heranzugehen.

Das Aufraffen, der Antrieb, der Beginn, der erste Schritt ... genau darum geht es. Bereite dich auf diesen ersten Schritt mit Hilfe dieser 6 Fragen vor. Nicht aufschieben, sondern Hindernisse und Blockaden wegschieben.

Nicht warten – starten!

Meine positiven Erfahrungen der vergangenen Woche:

____

____

____

____

____

„Wer morgen neue Erfolge haben will, darf heute nicht mehr handeln wie gestern.“

Antony Fedrigotti, Trainer des Jahres 2003

Das habe ich mir für die 31. Woche vorgenommen:

____

____

____

____

Die Geschichte vom Stiefmütterchen

Es war einmal ein Gärtner. Eines Tages ging der Gärtner in seinen Garten und schaute sich um. Da entdeckte er, dass einige seiner Blumen die Köpfe hängen ließen und Sträucher welke Blätter hatten.

Der Gärtner schaute auf die Rose und fragte sie, warum sie den Blütenkopf hängen ließe. Die Rose antwortete, sie habe nur einen Stil und sei nicht so vielfältig wie der Rhododendron.

Der Gärtner ging zum Rhododendron und fragte, warum seine Blätter welk waren.

Der Rhododendron sagte, es sei so traurig, weil er keine so frischen Früchte trage wie die Erdbeere.

Aber auch die Erdbeere war traurig, denn sie war so klein und lag mit ihren Früchten auf dem Boden. Ihr fehle es an Größe wie ein Apfelbaum.

Der Gärtner schaute sich weiter um. Jede seiner Pflanzen war kurz vor dem Eingehen. Nur nicht das Stief-mütterchen, das wunderschöne Blüten-blätter trug.

Auf die Frage warum es so blühe, antwortete das Stiefmütterchen: „Du hast mich hierher gepflanzt als Stiefmütterchen. Damit war für mich klar, dass du ein Stiefmütterchen haben wolltest. Hättest du eine Rose, einen Rhododendron oder eine Erdbeere gewollt, so hättest du eine Rose, einen Rhododendron oder eine Erdbeere an meiner Stelle gepflanzt. Aber du wolltest hier ein Stiefmütterchen und das bin ich."

Meine positiven Erfahrungen der vergangenen Woche:

„Auch aus Steinen, die einem in den Weg gelegt werden, kann man Schönes bauen.“

Johann Wolfgang von Goethe

Das habe ich mir für die 32. Woche vorgenommen:

Die Geschichte von den zwei Wölfen

Ein Indianerhäuptling erzählt seinem Sohn folgende Geschichte:

„Mein Sohn, in jedem von uns tobt ein Kampf zwischen 2 Wölfen.

Der eine Wolf ist böse. Er kämpft mit Ärger, Neid, Eifersucht, Sorgen, Gier, Arroganz, Selbstmitleid, Lügen, Überheblichkeit, Egoismus und Missgunst.

Der andere Wolf ist gut. Er kämpft mit Liebe, Freude, Frieden, Hoffnung, Gelassenheit, Güte, Mitgefühl, Großzügigkeit, Dankbarkeit, Vertrauen und Wahrheit."

Der Sohn fragt: „Und welcher der beiden Wölfe gewinnt?"

Der Häuptling antwortet ihm: „Der, den du fütterst."

Das Füttern kann du selbst bestimmen.

Du kannst dir jeden Tag einreden, *die anderen sind schuld* oder *der Regen habe alles vermasselt* oder *wenn Kollege A nicht gesagt hätte ...* usw. Es kommt auf deine Ansicht an, auf deine Einstellung und deine Gefühle. Nur du kannst es ändern bzw. in die positive Richtung steuern.

Du bestimmst auch, ob du dich in Ausreden und Ausflüchte hineinsteigerst oder für eine positive Ausrichtung deiner Gefühle sorgst.

Meine positiven Erfahrungen der vergangenen Woche:

____

„Tu es oder tu es nicht, aber hör auf es zu versuchen."

Zen-Weisheit

Das habe ich mir für die 33. Woche vorgenommen:

Mein persönliches Mantra

Ein persönliches Mantra ist ein Wort, ein Vers oder ein Spruch, die man regelmäßig vor sich her spricht oder sagt.

Ein persönliches Mantra stärkt deine mentalen Kräfte und hilft vor allem in schwierigen Situationen oder in Situationen der Veränderung. Es wirkt wie ein kurzes positives Selbstgespräch und lenkt den Fokus auf das Wesentliche. Durch die Kürze des Mantras ist es viel einfacher, sich im Alltag an eine bestimmte Idee oder einen Grundsatz zu erinnern. Das macht es viel leichter, das Mantra in deinen Alltag zu übertragen, als eine komplex ausformulierte Idee.

Dein persönliches Mantra besteht im besten Fall aus wenigen Wörtern bis maximal aus einem kurzen Satz, z.B.: „Ruhe und Gelassenheit", „Ich bin stark", „Ich bin immer ruhig und gelassen", „Sicherheit mit jedem Atemzug". Überlege also, was für dich in diesem Moment wichtig ist: Stärke, Ruhe, oder? Formuliere nun dein persönliches Mantra und sage es vielleicht erst einmal in deinen Gedanken. Wiederhole es immer wieder, zwischendurch auch lautstark. Durch die Wiederholung bleibt es stärker in deinem Unterbewusstsein. Ein anderes Beispiel:

„Hinter jeder Wolke ist der Himmel blau"

Übung macht den Meister. Die Kraft deines persönlichen Mantras entwickelt sich. Verbinde deine kreative Gehirnhälfte mit der rationalen Seite und stelle dir ein positives Bild in Zusammenhang mit deinem persönlichen Mantra vor.

Kombiniere dein persönliches Mantra immer wieder mit diesem Bild, so dass es sich verselbständigt. Wenn du künftig dein persönliches Mantra sagst, taucht automatisch das Bild mit auf. Dadurch ist das Mantra um ein Vielfaches stärker.

Meine positiven Erfahrungen der vergangenen Woche:

„In einem Jahr von heute könntest du dir wünschen, du hättest heute angefangen.“

Karen Lamb

Das habe ich mir für die 34. Woche vorgenommen:

Jeder Tag ist ein Geschenk

Ich habe mir vor einiger Zeit ein Video angesehen, das mir sehr gut gefallen hat. Der Speaker Biyon erzählt dabei über die Bedeutung deiner Zeit. Ich habe für dich den Text des Sprechers hier aufgeschrieben.

Stell dir vor, du hast 86.400 Euro, und jetzt kommt jemand, und klaut dir 10 Euro. Er nimmt dir 10 Euro weg und läuft davon. Was würdest du machen? Würdest du dich ärgern? Würdest du die restlichen 86.390 Euro wegschmeißen und dich ärgern, weil ein Mensch dir 10 Euro geklaut hat?

Genau das passiert uns tagtäglich, denn jeden Tag hast du nicht die 86.400 Euro, sondern 86.400 Sekunden. Der Tag hat 86.400 Sekunden.

Dein Tag hat 86.400 Sekunden.

Und was passiert, wenn jemand kommt und dich nervt oder dich ärgert oder dich angreift, wütend auf dich ist und dir 10 Sekunden klaut? Was machst du dann mit den restlichen 86.390 Sekunden?

Wie oft ärgern wir uns, den ganzen Tag, über eine Sache, die vielleicht nur 10 Sekunden gedauert hat. Wie oft verfluchen wir den ganzen Tag, nur weil uns eine Sache nicht passt? Lass dir von niemanden den Tag kaputt machen. Hake Dinge ab, hake die 10 Sekunden ab und genieße den Tag, denn jeder Tag ist ein Geschenk.

Heute ist übrigens ein ganz besonderer Tag.
Warum? Weil jeder Tag ein besonderer Tag ist.

Quelle: https://www.youtube.com/watch?v=sBnTYagwbdk

Meine positiven Erfahrungen der vergangenen Woche:

"Eine mächtige Flamme entsteht aus einem winzigen Funken."

Dante Alighieri

Das habe ich mir für die 35. Woche vorgenommen:

Resümee nach knapp zwei Drittel deines Erfolgsbuches

Deine positiven Erfahrungen aus 34 Wochen; deine Ziele für 35 Wochen

Versuche deine Erfolge nachträglich zu visualisieren. Was bedeutet „visualisieren“?

Mit dem Visualisieren ist die bildhafte Vorstellung gemeint. Die Visualisierung eines Ziels ist für die Zielerreichung enorm wichtig. Die Vernetzung deiner rationellen Denkweise mit deiner Kreativität (Bilder visualisieren) ebnet dir neue Denkmuster.

Je öfter du demnach Bilder in deinen Gedanken „anschaust“ desto stärker die Vernetzung. Verbindest du deine inneren Bilder noch mit Emotionen, so verstärkt sich die Vernetzung um ein Vielfaches.

Bei der Visualisierung geht es darum, die Situation so intensiv wie möglich

zu erleben und zu empfinden.

Ich erzähle hier immer gerne über den Hochspringer. Minutenlang steht er am Rande der Laufbahn, schaut scheinbar ins Leere, tatsächlich aber schaut er auf seinen Laufweg. Dieser Laufweg ist nicht eingezeichnet und doch erkennt der Hochspringer ihn. Auf diesen Laufweg, dieser Bogen, den er gleich anlaufen wird, auf diesen kommt es an und auf das Tempo.

In seinen Gedanken läuft er diesen Bogen immer und immer wieder bis zum Punkt, an dem er abspringt. Trifft er den erdachten Punkt des Absprungs, ist die Wahrscheinlichkeit eines erfolgreichen Hochsprunges sehr hoch.

Und er stellt sich vor, wie er da nach dem Sprung in die Matte hineinfällt, die Latte hängt weiter oben sicher und er selbst aus der Matte heraus hochspringt, die Arme hochreißt und den Jubel der Menschen im Stadion feiert.

Genau so soll es sein.

Die drei schönsten Erlebnisse der vergangenen 34 Wochen:

____

____

____

____

____

____

____

____

Die drei schönsten oder wichtigsten Erfolge der vergangen 16 Wochen:

____

____

____

____

____

____

____

Glaubenssätze

Glaubenssätze sind tief verankerte Überzeugungen und bilden die Grundlage deines alltäglichen Handelns. Es sind also deine Lebensregeln, die du mal bewusst und mal unbewusst wahrnimmst. Dein Denken und dein Handeln werden von diesen Glaubenssätzen beeinflusst und damit bestimmen diese Glaubenssätze, ob du etwaige Ziele erreichst oder nicht.

<u>Welche Glaubenssätze gibt es?</u>

„Das bringt sowieso nichts"

„Immer hab` ich die roten Ampeln"

„Wenn ich später losmuss, dann regnet es bestimmt"

„Die Frage stellt sich nicht"

Kennst du deine Glaubenssätze? Notiere diese gerne auf einem Blatt Papier. Schreibe auch auf, was sie für dich bedeuten, welche weiteren Gedanken sie in dir auslösen.

Hast du auch negative Glaubenssätze? Versuche diese in eine positive Form umzuschreiben, um damit ab sofort positiv umzugehen.

Beispiel: Wenn ich jetzt losfahre, komme ich noch rechtzeitig vor dem Regen an ... oder ... ich werde heute überwiegend grüne Ampelphasen haben.

Es kommt also auf deine Sichtweise bzw. auf deine Betrachtung an. Versuche herauszufinden, welche negativen Glaubenssätzen in dir schlummern. Schreibe einfach mal einige Tage mit und ertappe dich dabei, wie diese negativen Glaubenssätze dein Leben beeinflussen. Überlege anschließend, was du und wie du es verändern kannst.

„Alle persönlichen Durchbrüche beginnen mit einer Änderung unserer Glaubensmuster." **(Anthony Robbins)**

Meine positiven Erfahrungen der vergangenen Woche:

____

____

____

____

____

Um große Aufgaben zu erfüllen, musst du entschlossen sein.
Um kleine Aufgaben zu erfüllen, musst du aufmerksam sein.
Um schwierige Aufgaben zu erfüllen, musst du geduldig sein. Aus China

Das habe ich mir für die 36. Woche vorgenommen:

____

____

____

____

Die Geschichte der schönsten Eigenschaften

In einem Seminar wurde eine Umfrage gestartet: Welche Eigenschaften sind dir am Wichtigsten?

Die Antworten waren vielzählig. Vom Beherrschen mehrerer Fremdsprachen über sportliche Höchstleistungen bis zu besonderen Merkfähigkeiten. Alle Teilnehmer/innen sprachen Dinge an, die sie gerne erreichen würden, wenn es denn möglich wäre.

Nur eine Teilnehmerin äußerte sich nicht.

Der Trainer fragte sie, was denn ihre wichtigsten Eigenschaften wären.

Sie antwortete: "sehen ... hören ... riechen ... fühlen ... reden ... schmecken“

Wie häufig denken wir über Dinge nach, die wir nicht können oder die wir nicht besitzen. Über die uns gegebenen Dinge, auf die wir täglich zugreifen können, denken wir kaum nach. Gerade das sind die Dinge, die für uns so kostbar und nahezu unverzichtbar sind. **Sei also dankbar für das, was dir gegeben ist.**

Ähnlich ist es auch mit Wünschen für viel Geld, ein tolles Auto, ein gutbezahlter Job. Ich merke gerade bei älteren Menschen, dass mit zunehmenden Alter die eigenen Gesundheit mehr in den Focus rückt. Warum? Weil mit zunehmenden Alter immer mehr „Wehwehchen“ zu spüren sind. In jungen Jahren macht man sich weniger Gedanken um die Gesundheit. Sie ist ja da. Wir merken es immer erst dann, wenn Krankheiten auftauchen.

Wie viel Geld gibst du für deinen Luxus aus? Wieviel investierst du für deine Gesundheit? Kaufen wir die billigen, chemischen Produkte oder die Natur- oder Bioprodukte. Nicht umsonst heißt es:

Was du heute nicht in deine Gesundheit investierst, das bezahlst du morgen für deine Krankheiten.

Meine 37. Woche

Meine positiven Erfahrungen der vergangenen Woche:

Das Leben ist wie eine Ballonfahrt.

Manchmal musst du erst Ballast abwerfen, um wieder steigen, fliegen, träumen und lachen zu können.

Das habe ich mir für die 37. Woche vorgenommen:

Nein-Sagen

Ein Freund leiht sich häufig dein Auto aus, obwohl du es gar nicht so häufig verleihen möchtest. Schwiegermutter packt dir auf dem Teller ein weiteres Stück Torte, obwohl du keines mehr wolltest. Ein Arbeitskollege schiebt dir kommentarlos seine Arbeit rüber und du arbeitest die Sachen einfach weg.

Was haben diese Beispiele gemeinsam?

1. Die anderen Personen haben sich durchgesetzt.

2. Du hast nicht überzeugend NEIN gesagt.

Warum nicht? Wolltest du etwa einen Konflikt vermeiden? Ein schlechtes Klima vermeiden? Keinen Ärger haben?

NEIN

Überlege, was du willst. Was ist ok für dich und wo hast du eher ein Gefühl, dass du bzw. deine Hilfsbereitschaft ausgenutzt werden oder dass einfach über deine Kompetenz hinweg entschieden wird.

Du bestimmst über dich und über dein Eigentum.

„Nein, ich möchte nicht, vielen Dank!“

Und wenn Schwiegermutter wieder ein Stück Torte drauf packt, dann lass es liegen. Den Autoschlüssel gibst du nicht heraus. Die Arbeit deines Kollegen legst du wieder auf seinen Schreibtisch zurück.

In solchen Fällen ist ein Nein ein großes Stück Befreiung für dich und dein weiteres Leben. Überlege nicht, was passiert, wenn du nein sagst. Genieße den Augenblick der Freiheit mit diesem einzigen Wort:

NEIN !!!

Meine positiven Erfahrungen der vergangenen Woche:

„Man kann das Leben nur rückwärts verstehen,
aber man muss es vorwärts leben."

Sören Kierkegaard

Das habe ich mir für die 38. Woche vorgenommen:

Hypnosystemik

Unser Verhalten basiert auf unseren Erfahrungen und verändert sich dazu im Wirken mit anderen Menschen. Die systemische Therapie betrachtet den Menschen als Teil eines komplexen Systems von Beziehungen und Randbedingungen. Dabei geht es um Beziehungsprozesse der Menschen, die an der Entstehung und Aufrechterhaltung des Problems beteiligt sind. Der Therapeut steht sozusagen als Wegbegleiter bereit.
Während der Therapie geht es darum, dass die Betroffenen selbst dazu angeregt werden, die Probleme zu erkennen und sich bzw. ihr Verhalten zu verändern. Die beteiligten Personen sind für die Erkennung und Lösung des Problems selbst verantwortlich. Dadurch steigt der eigene Selbstwert.
In der Praxis wird weniger über das Problem gesprochen, sondern über die verschiedenen Wege, zu einer Lösung zu kommen. Das Tempo bestimmt der Betroffene, denn er muss diesen Weg später selbst gehen.
In der systemischen Therapie werden verschiedene Methoden eingesetzt, um die Betroffenen zu unterstützen.
In der hypnosesystemischen Therapie werden die Methoden der Hypno-therapie nach Milton Erikson in die systemische Therapie eingebunden.
Der Betroffene kann unter Hypnose noch intensiver und wirkungsvoller an seinen eigenen Lösungen arbeiten.
Systemische Hypnotherapie ist das systematische, gezielte Arbeiten mit Prozessen der Aufmerksamkeitsfokussierung insbesondere zur Aktivierung von unwillkürlichen Prozessen und Erleben.

(Quelle: Thermedius 2015 Fortbildung)

Meine positiven Erfahrungen der vergangenen Woche:

„Wenn es einen Glauben gibt, der Berge versetzen kann, so ist es der Glaube an die eigene Kraft."

Marie von Ebner-Eschenbach

Das habe ich mir für die 39. Woche vorgenommen:

Aufstellungsarbeit - Familienaufstellung

Bei der Aufstellung kann man mit „echten“ Menschen (Stellvertreter) arbeiten, wie auch mit Figuren oder Formen. Es wird in der Aufstellung zunächst der aktuelle Status ermittelt. D.h. der Klient stellt die Personen oder Figuren/Formen nach seinem Gefühl so auf, wie er die Situation gerade erlebt. Bleiben wir bei der Aufstellung mit Menschen. Die Teilnehmer/innen, die bei der Aufstellung mitwirken, werden so zueinander aufgestellt, wie der Klient sie in den jeweiligen Beziehungen fühlt. Ist also eine Person weit ab von der Gruppe aufgestellt, spürt der Klient, dass sie nicht zu den anderen aufgestellten Personen gehört. Der Klient kann nun die aufgestellten Personen nach seinem Gefühl neu positionieren. Erst wenn er fertig ist, kommen die aufgestellten Personen zu Wort bzw. können sich in ihre Positionen hineinfühlen und ihre Eindrücke erzählen. Der Klient selbst wird auch durch einen Stellvertreter in dem Gesamtbild aufgestellt.

So wird nach und nach die Situation aufgeklärt und vor allem für den Klienten einsichtig. In der Regel verfolgt er die gesamte Aufstellung von außen. D.h. er schaut zu, wie die Beziehungen der aufgestellten Personen zueinander sind. Er lernt u.a. die Positionen und Emotionen der aufgestellten Personen kennen.

In der Aufstellung können auch die aufgestellten Personen sich umstellen, wenn es sich für sie dadurch besser anfühlt.

Ganz zum Schluss oder auch zwischendurch kann der Klient in seine Person hineinschlüpfen, um hinein zu spüren, ob sich seine Position schon verbessert hat.

Die Aufstellung ist ein lebendiger Prozess und entwickelt sich eigenständig in den Aktionen der Teilnehmer.

Meine positiven Erfahrungen der vergangenen Woche:

____

____

____

____

____

„Jeder ist ein Genie. Aber wenn du einen Fisch danach bewertest, ob er auf einen Baum klettern kann, dann lebt er sein ganzes Leben in dem Glauben, er wäre dumm."

Albert Einstein

Das habe ich mir für die 40. Woche vorgenommen:

____

____

____

____

Resilienz – oder „Stehaufmänncheneffekt“ (1)

In einem sehr interessanten Seminar bei www.Profitraining.net habe ich mich mit diesem Thema beschäftigt. Was ist Resilienz? Was zeichnet Resilienz aus?

Die Grundhaltung einer Person mit hoher Resilienz lautet: „Was auch immer auf mich zukommt, ich kann damit umgehen und werde eine Lösung finden. Ich kann etwas tun, um die Krise, das Problem, die Niederlage oder den Fehlschlag zu bewältigen.“

Bei der Frage, wie ich zu mehr (eigener) Resilienz kommen kann, schaue ich mir den nachfolgenden 10-Punkte-Plan an (in Anlehnung an die American Psychological Association).

Auszug aus dem Skript von Profitraining:

1. Selbstreflexion als beständiger Teil meiner Weiterentwicklung
Mich selbst zu verstehen, zu wissen, wie ich ticke, was ich kann und was auch nicht, wo meine Stärken sind und wo meine Schwächen, eröffnet mir ein größeres Vertrauen in mich und das Leben.

...

2. Ein positives Selbstbild entwickeln – Ein liebevoller Blick auf mich selbst
Der Aufbau einer freundlichen Grundhaltung zu sich selbst ist absolut essentiell für Resilienz. Freundliche Selbstkommunikation hilft da zum Beispiel. Es ist wichtig zu bemerken, wenn ich mich selbst streng und unnachgiebig abwerte, um dieses destruktive Tun beenden zu können.

...

3. Für mich selbst gut sorgen – Selbstfürsorge als Basis für mehr Stärke
Wenn ich meine Gefühle, Bedürfnisse und Wünsche ernst nehme und auf sie achte, dann kann ich mir aktiv Gutes tun und gut für mich sorgen. Ich gebe mir selbst die Erlaubnis, mich auf das zu fokussieren, was mir guttut, was mir Freude bereitet.

...

Meine positiven Erfahrungen der vergangenen Woche:

„Wer kämpft, kann verlieren. Wer nicht kämpft, hat schon verloren.“

Bertolt Brecht

Das habe ich mir für die 41. Woche vorgenommen:

Resilienz – oder „Stehaufmänncheneffekt“ (2)

4. Menschliche Beziehungen stärken – Zugehörigkeit und soziale Kontakte sind der Boden, auf dem wir gehen
Das Gefühl von Zugehörigkeit und Nähe ist eins der tiefsten menschlichen Bedürfnisse. Gute Beziehungen zu Familienangehörigen, Freunden, Kollegen, Nachbarn etc. sind unabdingbar für die seelische Gesundheit und Widerstandsfähigkeit.
...
5. Akzeptanz – Veränderungen als Bestandteil des Lebens annehmen
Jeder Mensch macht im Laufe seines Lebens die Erfahrung, dass bestimmte Wünsche und Träume nicht in Erfüllung gehen. Dass wir bei bestimmten Zielen, auch wenn wir sie verfolgt haben, nicht ankommen. Es ist überaus intelligent Situationen, die ich nicht mehr ändern kann, anzunehmen.
...
6. Optimismus
Wenn ich mich auf die guten Dinge fokussiere, die bereits da sind bzw. sich entwickeln werden, dann richte ich mein Denken positiv aus. Eine optimistische Sichtweise befähigt mich, Gutes in meinem Leben zu erwarten. ...
7. Lösungsorientierung – Probleme als grundsätzlich lösbar einschätzen
Wir können große, stressreiche Belastungen nicht immer vermeiden oder überwältigenden Ereignissen ausweichen. Aber wir können Verantwortung für unser Erleben in diesen Situationen übernehmen und immer wieder unser Denken konstruktiv ausrichten.
...
8. Selbstwirksamkeitserwartung – Mich als Gestalter*in meines Lebens zu sehen und in meine Fähigkeit zu vertrauen, Einfluss nehmen zu können
Tief in mir zu glauben und zu wissen, dass Schwierigkeiten und Krisen immer vorübergehende Phänomene sind, und ich etwas tun kann, um sie zu lösen, kann einen absolut entlastenden Effekt haben. Es löst sozusagen einen erleichternden Seufzer des Aufatmens in uns aus.

Meine positiven Erfahrungen der vergangenen Woche:

Beende den Tag immer mit positiven Gedanken,
egal wie schwer die Dinge auch waren.

Morgen ist ein neuer Tag.

Das habe ich mir für die 42. Woche vorgenommen:

9. Zielorientierung – Für mich sinnvolle, stimmige Ziele stecken
Wir Menschen haben das Potential, unser Leben bewusst zu gestalten. Wir tun es nur oft nicht. Es ist wichtig, mir ein paar realistische Ziele, die ich erreichen kann, zu setzen. Wenn ich mich zum Beispiel von Ballast befreien möchte, um leichter leben zu können, dann liegt das Entrümpeln meiner Wohnung oft wie ein extrem hoher Berg vor mir. Ich schaue hinauf und denke: „Das schaffe ich nie – so viel Kraft habe ich nicht!“ Wenn ich es allerdings schaffe, mir Etappenziele zu setzen, um dem großen Ziel näher zu kommen, wird mein Ziel handhabbar. ...
10. Zukunftsorientierung – das große Ganze im Blick behalten

Wenn ich mir immer wieder klar mache, wie ich mein Leben wirklich führen möchte und mir dies auch bildhaft vorstellen und in mir fühlen kann, dann richtet sich mein ganzes System (Körper, Geist und Seele) auf diese Vision aus und sie wird mit größerer Wahrscheinlichkeit Realität werden. ...

Dieser 10-Punkte-Plan hilft, die eigene Resilienz zu erhöhen. Aber ... Step by step. Suche dir zunächst einen Punkt aus. Mach aus diesen einen Punkt dein Projekt. Was kannst du tun / machen, um in diesem Punkt eine höhere Resilienz zu erreichen?

In dem Seminar „Resilienz – oder „Stehaufmänncheneffekt“ wurde dieser 10-Punkte-Plan genau vorgestellt und analysiert. Anschließend ging jede/r Teilnehmer/in in das eigene Projekt und erarbeitete das eigene Resilienz-Ritual.

Weitere Infos findest du bei „Profitraining“ unter

www.profitraining.net

Meine 43. Woche

Meine positiven Erfahrungen der vergangenen Woche:

____

„Denke nicht so oft an das, was dir fehlt, sondern an das, was du hast."

Marc Aurel

Das habe ich mir für die 43. Woche vorgenommen:

Die Geschichte über die Zufriedenheit

Es kamen einmal ein paar Schüler zu einem alten Zenmeister.

„Meister", fragte einer von ihnen „was tust du, um glücklich und zufrieden zu sein? Ich wäre auch gerne so glücklich wie du."

Der Alte antwortete mit mildem Lächeln: „Wenn ich liege, dann liege ich. Wenn ich aufstehe, dann stehe ich auf. Wenn ich gehe, dann gehe ich und wenn ich esse, dann esse ich."

Die Schüler schauten etwas betreten in die Runde. Einer platzte heraus: „Bitte, treibe keinen Spott mit uns. Was du sagst, tun wir auch. Wir schlafen, essen und gehen. Aber wir sind nicht glücklich. Was ist also dein Geheimnis?"

Es kam die gleiche Antwort: „Wenn ich liege, dann liege ich. Wenn ich aufstehe, dann stehe ich auf. Wenn ich gehe, dann gehe ich und wenn ich esse, dann esse ich."

Die Unruhe und den Unmut der Schüler betrachtend, fügte der Meister nach einer Weile hinzu: „Sicher liegt auch ihr und ihr geht auch und ihr esst. Aber während ihr liegt, denkt ihr schon ans Aufstehen. Während ihr aufsteht, überlegt ihr, wohin ihr geht und während ihr geht, fragt ihr euch, was ihr essen werdet. So sind eure Gedanken ständig woanders und nicht da, wo ihr gerade seid. In dem Schnittpunkt zwischen Vergangenheit und Zukunft findet das eigentliche Leben statt. Lasst euch auf diesen nicht messbaren Augenblick ganz ein und ihr habt die Chance, wirklich glücklich und zufrieden zu sein."

nach einer zenbuddhistischen Parabel

Meine positiven Erfahrungen der vergangenen Woche:

____

____

____

____

____

Je weiser ein Mensch ist, desto weniger ist er an Rechtfertigungen interessiert.

Er steht auf, wünscht alles Gute und geht.

Das habe ich mir für die 44. Woche vorgenommen:

____

____

____

____

Das innere Team (1)

Du hast in dir ein sogenanntes „inneres Team“. Je besser dein Team miteinander umgeht, desto harmonischer und gelassener kannst du mit dir selbst umgehen.

Stell dir vor, du selbst bist eine Mitarbeiterschaft einer Firma. Da gibt es:

- einen Streber, der alles besser kann
- ein Mäuschen, dass nicht Nein sagen kann
- die Seele der Firma, die sich um die menschlichen Belange kümmert
- ein starker Mitarbeiter, der alles steuern will usw.

So ein inneres Team gibt es auch in dir.

Versuche herauszufinden, wer alles in dir steckt. Die Aufstellung auf der übernächsten Seite ist ein Beispiel und soll es dir vereinfachen.

<u>Beantworte dir dann die folgenden Fragen:</u>

Welches Teammitglied hat gerade die Oberhand?

Ist es gut, dass dieses Teammitglied die Oberhand hat?

Welches Teammitglied wird „unterdrückt“ und kommt nicht zur Geltung?

Wie bringe ich mein inneres Team zur Harmonie?

Bist du die Führungskraft in deinem inneren Team?

In welchem Miteinander kann mein inneres Team am besten arbeiten?

Meine positiven Erfahrungen der vergangenen Woche:

____

____

____

____

____

„Die Fähigkeit, das Wort „Nein" auszusprechen,
ist der erste Schritt zur Freiheit."

Nicolas Chamfort

Das habe ich mir für die 45. Woche vorgenommen:

____

____

____

____

Das innere Team Teil 2

Meine positiven Erfahrungen der vergangenen Woche:

„Die Größe eines Menschen hängt nicht davon ab, wie viel Reichtum er erlangt, sondern von seiner Fähigkeit, andere in seinem Umfeld positiv zu beeinflussen.“

Bob Marley

Das habe ich mir für die 46. Woche vorgenommen:

Gelassenheit

Im Hypnosecoaching gebe ich häufig die Unterstützung für Gelassenheit. Ein Kernsatz ist immer wieder: „Du bist in jeder Situation ruhig und gelassen."

Das Ziel ist also, egal wie schwierig oder schlimm eine Situation ist, die Klientin soll immer ruhig und gelassen sein. Das bedeutet:

- normale Atmung und mit normaler Stimme weitersprechen
- weiter überlegen und konzentriert arbeiten
- die Aussagen von anderen nicht persönlich nehmen
- nach Lösungen suchen
- den anderen zuhören
- keine Schuldzuweisung
- mal in die andere Person hinein denken/hinein fühlen

Bedenke daher:

- Fehler sind menschlich, daher nehme den Fehler als Chance etwas Neues kennen zu lernen
- Was auch immer kommt, suche konkret nach einer Lösung und halte dich nicht mit dem Problem auf

„Gott, gib mir die Gelassenheit, Dinge hinzunehmen, die ich nicht ändern kann, den Mut, Dinge zu ändern, die ich ändern kann und die Weisheit, das eine vom anderen zu unterscheiden."

Reinhold Niebuhr

Meine positiven Erfahrungen der vergangenen Woche:

____

____

____

____

____

„Die Berge, über die man am schwersten hinwegkommt, häufen sich auch aus Sandkörnern auf.“

Friedrich Hebbel

Das habe ich mir für die 47. Woche vorgenommen:

____

____

____

____

Ich bin stark – in 3 Schritten zu meiner neuen Kraft

„Yes we can" Barak Obama lebte diesen Satz und ganz Amerika mit ihm. In seinem Wahlkampf gab er den Amerikanern mit diesem Satz einen neuen Glauben, eine neue Vision.

Was Barak Obama kann, kannst du auch für dich schaffen. Erstelle dir dein eigenes **„Yes we can"** in 4 Schritten:

Schritt 1: Formuliere zunächst dein Ziel in positiver Form:

Beispiel: Ich möchte mein Wunschgewicht von 65 kg bis zum 31.12. erreichen. Oder: Ich will nur noch frische und gesunde Luft einatmen. Anmerkung: „Ich will nicht mehr rauchen" ist eine negativ-formulierte Aussage. Besser ist es etwas positiv zu formulieren.

____

____

Formuliere deinen Wunsch /dein Ziel in Kurzform (3-6 Worte):

____

Schritt 2: Hole dir ein Zukunftsbild in deine Gedanken. Wie siehst du aus? Wie fühlst du dich, wenn du dein Ziel erreicht hast? Fühle ganz tief hinein.

Schritt 3: Verbinde die Kurzform aus Schritt 1 mit dem Bild (Schritt 2) Beispiel: „Ich kann sicher Auto fahren" und dabei das Bild von dir am Steuer und du fährst auf der Autobahn.

„Ich bin frei und unabhängig" und dabei hast du das Bild wie du einen schönen Spaziergang machst und frische, gesunde Luft einatmest.

Meine positiven Erfahrungen der vergangenen Woche:

„Das Leben ist ein Spiegel:

Wenn du hineinlächelst, lächelt es zurück."

George Bernhard Shaw

Das habe ich mir für die 48. Woche vorgenommen:

Eine weise Geschichte: Zwei Menschen und ein Esel

Ein Mann reitet auf einem Esel. Neben ihm läuft seine Frau. Da sagt ein Passant empört: „Schaut euch den an. Der lässt seine arme Frau neben dem Esel herlaufen und selbst reitet er".

Der Mann steigt ab und lässt seine Frau den Esel reiten. Kaum sind sie ein paar Meter weiter ruft ein anderer: „Nun schaut euch die beiden an. Die Frau sitzt wie ein Pascha auf dem Esel und der alte Mann muss laufen".

Nun setzt sich der Mann zu seiner Frau auf den Esel. Doch nach ein paar Metern ruft ein anderer empört: „Jetzt schaut euch die Beiden an. So eine Tierquälerei".

Also steigen beide herab und laufen neben dem Esel her.

Doch sogleich sagt ein anderer belustigt: „Wie kann man nur so blöd sein. Wozu habt ihr einen Esel, wenn ihr ihn nicht nutzt."

Quelle: unbekannt

Bedenke: Du kannst es nicht allen recht machen.

Meine positiven Erfahrungen der vergangenen Woche:

____

____

____

____

____

Es gibt nur einen einzigen Tag in deinem Leben, an dem du wirklich etwas tun, erschaffen oder verändern kannst. Und dieser Tag ist ...HEUTE.

Das habe ich mir für die 49. Woche vorgenommen:

____

____

____

____

Die 80/20 Methode oder auch das Pareto-Prinzip

Nach Erkenntnissen des italienischen Wissenschaftlers Vilfredo Pareto handelt es sich bei dem Pareto-Prinzip um eine Wahrscheinlichkeitsberechnung, die auf der 80:20 Regel basiert. Um 80% deiner Arbeit zu erreichen, benötigst du nur 20 % deiner Zeit/Leistung. Die restlichen 20 % der Arbeit sind sehr zeitintensiv, so dass du hier deutlich mehr Zeit/Leistung einsetzen musst. Mit diese Methode setzt du Prioritäten und erledigst erst einmal den größten Teil der Arbeit. Am Ende entscheidest du, ob du wirklich noch die Zeit investierst, die restlichen 20% zu erarbeiten.

Beispiel: Du möchtest dein Zimmer tapezieren. Setzt du nur 20 % deiner Zeit/Leistung ein, wird das Zimmer schnell fertig tapeziert sein. Möglicherweise liegen die Tapetenränder aber nicht gut aneinander. Die Tapetenbahnen ausrichten, also die Details ... die Feinarbeit, dafür benötigst du noch einmal viel Zeit.

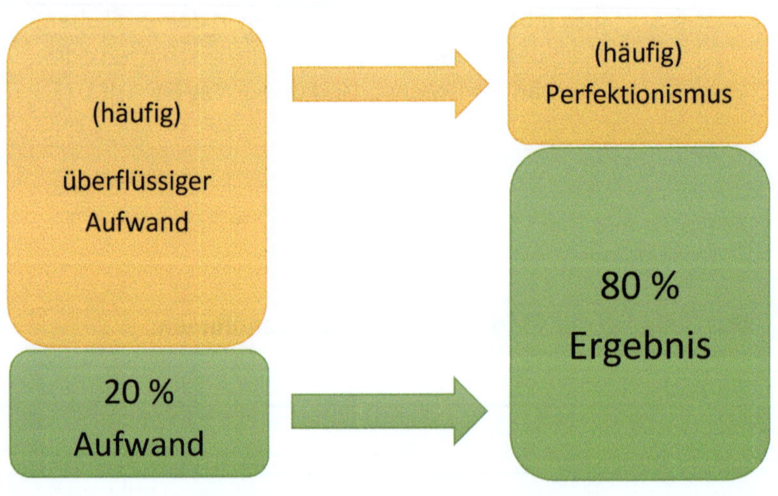

Ziel ist es, Wichtiges von unwichtigen Dingen zu unterscheiden.

Meine positiven Erfahrungen der vergangenen Woche:

____

____

____

____

____

„Wenn alles gegen dich zu laufen scheint,
erinnere dich daran, dass das Flugzeug gegen den
Wind abhebt, nicht mit ihm."

Henry Ford

Das habe ich mir für die 50. Woche vorgenommen:

____

____

____

____

Du bist wertvoll (1)

Kurz vor dem Ende dieses Buches habe ich noch einen besonderen Text für dich. Dieser Text stammt von einem Video, dass ich online gesehen habe. Speaker Gereon Jörn erzählt über den Wert eines jeden einzelnen Menschen.

Ich habe hier einen 50-Euro-Schein.Wer möchte den geschenkt haben?

Viele Zuschauer melden sich.

Ok. Wenn ich diesen 50-Euro-Schein zusammenfalte? Wie viel ist er dann wert? OK 50 Euro. Wer will den denn geschenkt haben?

Wieder melden sich viele Zuschauer.

Wenn ich auf dem rumtrample, wie viel ist er jetzt wert? OK 50 Euro. Wer will den denn geschenkt haben?

Wieder melden sich viele Zuschauer.

Wenn ich den Schein an meinem Po abwische? Wie viel ist er jetzt wert? Wenn ich den Schein in einem Louis Vuitton Portemonnaie hineinstecke? Wie viel ist er dann wert?

Wenn ich aus dem Schein ein Papierflugzeug bastele? Wie viel ist er dann wert?

Meine positiven Erfahrungen der vergangenen Woche:

Du kannst niemals alle mit deinem Tun begeistern. Selbst wenn du übers Wasser laufen kannst, kommt einer daher und fragt, ob du zu blöd zum Schwimmen bist.

Das habe ich mir für die 51. Woche vorgenommen:

Du bist wertvoll (2)

... Bei so einem Geldschein ist uns das klar. Egal wie wir mit dem Geldschein umgehen, er behält seinen Wert. Ob ich ihn zusammenfalte, auf ihn herumtrampele oder ihn in ein teures Portemonnaie stecke, der Geldschein behält immer den gleichen Wert.

Wenn andere Menschen uns zusammenfalten, auf uns herumtrampeln, uns wie Dreck behandeln, dann denken wir: Wir sind weniger wert!

Wir denken, wenn wir bestimmte Anzüge tragen, von namhaften Herstellern, dann sind wir mehr wert!

Was für ein bullshit!! *(hat er tatsächlich gesagt)*

Der Geldschein behält immer seinen Wert, egal was dieser 50-Euro-Schein leistet. Wir denken, wenn wir besondere Dinge tun, dann sind wir mehr wert oder weniger wert, als wenn wir nichts leisten würden.

Leute, ihr seid immer wertvoll.

Sag es dir so oft wie möglich, denn es ist dein Leben.

Quelle: https://www.youtube.com/watch?v=PFVMI0h-XSs

Meine positiven Erfahrungen der vergangenen Woche:

____

____

____

____

____

Ganz gleich, wie beschwerlich das Gestern war ...

stets kannst du im Heute von Neuem beginnen.

(eine Buddhistische Weisheit)

Das habe ich mir für die 52. Woche vorgenommen:

____

____

____

____

Und jetzt? Wie geht es mit dir weiter?

Erinnerst du dich noch an die ersten Tage? Als du die ersten Male in dieses Buch geschrieben hast. Möglicherweise fiel es dir am Anfang leicht, denn du warst hochmotiviert. Zwischendurch gab es vielleicht eine Phase, in der du nachlässig gewesen bist. Und jetzt? Zum Ende deines Erfolgsbuches?

Fragst du dich vielleicht, worin denn dein Erfolg besteht?

Nun, du hast jetzt ein Buch mit vielen wertvollen positiven Momenten, die du selbst erlebt hast. Du kannst immer wieder in dieses Buch hineinlesen und deine positive Zeit Revue passieren lassen.

Möglicherweise hast du erkannt, dass du im Laufe der Zeit viel stärker auf die positiven Dinge deines Lebens geschaut hast. Genau das ist so wichtig für dich.

Wir leben aus unseren Erfahrungen heraus. Alles, was du erlebt hast, ist in deinem Unterbewusstsein gespeichert. Du hast die Möglichkeit, immer darauf zurückzugreifen.

Greife auf deine positiven Erfahrungen zurück. Lebe aus und mit deinen positiven Erfahrungen.

Wann immer du mal schlechte Laune hast, schaue in dein Erfolgsbuch „52 Wochen positiv leben" hinein und suche dir die schönsten positiven Erfahrungen heraus.

Sorge für dich und deine positive Stimmung.

Es liegt in deiner Verantwortung.

Deine Ziele

Ich bin fest davon überzeugt, dass du mit deinem Erfolgsbuch „52 Wochen positiv leben“ eine Vielzahl von kleinen oder größeren Zielen angegangen bist, die du ohne dieses Buch nicht erreicht hättest.

Wir leben so oft in den Tag hinein, ohne uns Gedanken zu machen, was wir heute für uns erreichen wollen. Wenn du jetzt auf deine 52 Wochen zurückschaust, wirst du sicher bestätigen, dass du diese 52 Wochen zielorientierter gelebt hast.

Ziele sind sehr wichtig. Setzt du dir ein Ziel, dann nimmst du positiv Einfluss auf deine Zukunft. Ein Ziel ohne Plan ist allerdings nur ein Wunsch. Wenn der Plan nicht funktioniert, dann ändere deinen Plan. Ändere aber (nach Möglichkeit) nicht dein Ziel.

Wie viele Ziele hast du in deinen 52 Wochen notiert? Wie viele hast du erreicht? Macht es Sinn, an die nicht erreichten Ziele nochmals heranzugehen?

Du findest die Antwort auf diese Fragen.

Ein wichtiges Ziel liegt vor dir – dein neues Erfolgsbuch „52 Wochen positiv leben“. Hol dir dein Erfolgsbuch und sorge weiter für dich und dein positives Leben.

Ich wünsche dir weiter viel Spaß und natürlich viel Erfolg in deinen nächsten 52 Wochen.

Beste Grüße

Mischa Jelen

Mein innerer Vertrag

Warum schließe ich einen Vertrag mit mir selbst?
Weil wir Menschen dazu neigen, Verträge einzuhalten.
So könnte dein innerer Vertrag aussehen:

Vertrag mit mir selbst

Ich, ____ ,
vereinbare mit mir folgendes Ziel:

____

____

Mein o.g. Ziel habe ich am ___.___._____ erreicht.

Für das Erreichen meines Zieles mache ich:

____

Wenn ich mein Ziel fristgerecht erreicht habe, dann belohne ich mich wie folgt:

____

Wenn ich mein Ziel nicht in der vorgegebenen Zeit erreiche, dann bestrafe ich mich wie folgt:

____

Ort, Datum: ______________

Unterschrift:

____

Danke

Es gibt zwei Menschen, denen ich an dieser Stelle danken möchte.

Zum einen ist es meine Ehefrau, Svenja.

Sie hat mir die Zeit und den Freiraum gegeben, meine Gedanken in diesem Buch niederzuschreiben. Ohne Ihr Einverständnis hätte ich mich nicht so häufig zurückziehen können, um an diesem Buch zu schreiben.

Zum anderen möchte ich meinem Sohn, Philip, danken. Als Jurist und auf dem Weg zum zweiten Staatsexamen zum Volljuristen, dachte ich mir, dass er auf jeden Fall in der Lage ist, kleinere Korrekturen vorzunehmen.

Notizen: